银行电子票据组合融资培训

立金银行培训中心　著

中国金融出版社

责任编辑：贾　真
责任校对：刘　明
责任印制：程　颖

图书在版编目（CIP）数据

银行电子票据组合融资培训/立金银行培训中心著. —北京：中国
金融出版社，2023.4
ISBN 978 - 7 - 5220 - 1940 - 6

Ⅰ.①银… Ⅱ.①立… Ⅲ.①电子技术—应用—票据—银行业务—业
务培训—教材　Ⅳ.①F830.46

中国国家版本馆 CIP 数据核字（2023）第 047235 号

银行电子票据组合融资培训
YINHANG DIANZI PIAOJU ZUHE RONGZI PEIXUN

出版
发行　**中国金融出版社**

社址　北京市丰台区益泽路 2 号
市场开发部　（010）66024766，63805472，63439533（传真）
网上书店　www. cfph. cn
　　　　　（010）66024766，63372837（传真）
读者服务部　（010）66070833，62568380
邮编　100071
经销　新华书店
印刷　河北松源印刷有限公司
尺寸　169 毫米 ×239 毫米
印张　11.5
字数　180 千
版次　2023 年 4 月第 1 版
印次　2023 年 4 月第 1 次印刷
定价　48.00 元
ISBN 978 - 7 - 5220 - 1940 - 6
如出现印装错误本社负责调换　联系电话（010）63263947

序

做电子票据那些事儿

请牢牢记住，银行需要依托产品开发客户，最重要的银行产品是电子票据产品，电子票据是拓展客户最有力的工具。

本书所称的电子票据，包括电子银行承兑汇票（以下简称电子银票）和电子商业承兑汇票（以下简称电子商票），以及这两种基础票据产品的衍生创新品种。立金银行培训中心的票据系列丛书出版后，在银行业内引起强烈反响。在总结各类电子票据产品思路的基础上，立金银行培训中心重新整理出版本书。

一、票据发生了天翻地覆的变化

1. 最近几年，电子票据市场发生了天翻地覆的变化，大企业纷纷重视大量使用电子票据。其中，电子商业承兑汇票异军突起，获得快速发展，势头超过电子银行承兑汇票。

随着流动资金贷款票据化趋势，企业大量签发电子银行承兑汇票和电子商业承兑汇票来取代流动资金贷款。

2. 票据交易所推出等分化票据改变票据的生态模式，深刻地影响银行操作票据的模式。以前，各家银行联系操作电子票据流转；现在，票据交易所成为公共性平台，各家银行通过票据交易所交互信息，操作电子票据。

通过本书，希望给广大票据从业人员提供学习、使用最新电子银行承兑汇票和电子商业承兑汇票的思路。建议各家机构的对公客户经理、票据从业人员和信贷审批人员积极将票据产品运用到实践营销工作中。

二、建议采用如下方式开发客户

1. 使用电子票据产品与其他产品的组合设计金融服务方案。

对于银行而言，单一营销电子银行票据产品的价值不大，最大价值是营销银行票据的组合方案，能够灵活使用各类产品，提供组合性金融服务方案才真正考验银行客户经理的智慧。

对于企业而言，需要资金时，如果银行提供最简单的贷款，无疑这种贷款方式的融资成本实在太高；如果将贷款与电子票据进行组合融资，可以最大限度地降低加权融资成本。

本书收录了当前流行的电子票据产品组合金融服务方案，包括电子银票与电子商票产品组合、电子票据与存款产品组合、电子票据产品与传统贷款组合及电子票据产品与保函产品组合等。

电子票据质押签发保函、电子票据置换业务都是新票据产品，银行客户经理必须认真熟练掌握。看似单一的电子票据产品，但是只要能够组合，就能够千变万化，效果显著。

2. 为客户介绍使用电子票据产品组合方案的优势。

本书用精确的计算数据阐明每个电子票据产品组合形成的金融方案与传统单纯提供贷款或票据产品的区别，详细讲解如何从营销的角度来设计以票据为载体的金融服务方案，培养熟练使用票据的银行客户经理。

反过来讲，企业财务人员与其与银行协商降低贷款利率，还不如研究明白怎样多使用票据，大幅降低融资成本。

三、本书特点

1. 配备大量的案例。与其他系列图书一样，本书同样配备大量的案例，以案例解释其中使用的票据金融服务方案等设计原则，所有案例均来自真实案例，为银行客户经理提供有效的启发。

2. 超实用性。本书不但收录的票据产品较全、较新颖，而且不同于理论书籍，内容贴近实务操作。希望通过本书，成就一批专业的、熟练使用电子票据的银行客户经理。

目　录

【业务一】 票易票（小行电子票据换大行电子票据）

> 大型银行通过改造票据的属性，将企业收到的小型银行的电子银票改造为大型银行的电子银票，可以获得可观的存款回报，同时风险很低。

【产品定义】

小行电子票据换大行电子票据是指银行根据持票人的需要，协助持票人变换票据的承兑行，将持票人持有的中小型银行（农村信用社、中小型农村银行等）电子银行承兑汇票采取质押方式置换成大型银行的电子银行承兑汇票，满足持票人商务采购支付结算需要的一种票据服务形式。

【适用客户】

1. 大型上市公司、大型外资公司等企业的下游客户。这些下游客户收到农村银行机构签发的电子银行承兑汇票，很难背书转让给上游核心企业，需要在大型银行进行增级改造。

2. 持有中小型金融机构承兑的电子银行承兑汇票的企业，多是一些中小型企业，如钢铁经销商、化肥经销商、建材贸易商、纺织服装流通企业、中小型纺织企业、中小型钢厂等企业，会收到中小型金融机构承兑的电子银行承兑汇票。

而这些钢铁经销商、化肥经销商、建材贸易商、纺织服装流通企业、中小型纺织企业及中小型钢厂收到中小型金融机构承兑的电子银行承兑汇票后，很难背书转让给其上游的大型企业，而且这些票据贴现利率也较高，因此，最好的方式是票据置换。

【业务流程图】

```
┌──────────┐      ┌──────────┐      ┌──────────┐
│ 小银行银票 │ ==> │  票据池   │ ==> │ 大银行银票 │
└──────────┘      └──────────┘      └──────────┘
     ▲                  ▲                  ▲
     │                  │                  │
     │            ┌──────────┐            │
     └────────────│   银行    │────────────┘
                  └──────────┘
```

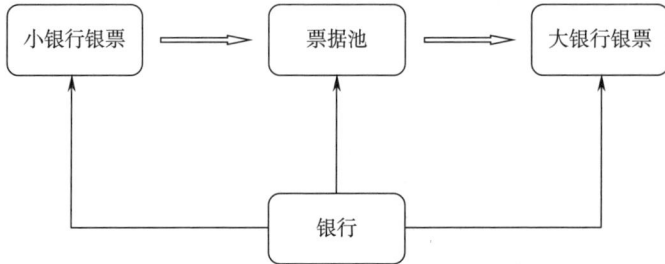

图1　票易票（小行票换大行票）业务流程

【业务流程】

1. 持票人（出票人）提出以收到的中小型金融机构的电子银行承兑汇票作为质押，申请办理新电子银行承兑汇票。银行按照内部操作规程进行审批，审批通过后，出票人提交电子银行承兑汇票，签订电子银行承兑汇票质押合同。

2. 持票人（出票人）与承兑行签订银行承兑协议，出票人签发电子银行承兑汇票。

3. 承兑银行将办理好的电子银行承兑汇票交付给持票人（出票人），出票人办理电子银行承兑汇票的交付。

4. 电子银行承兑汇票到期前，持票人（出票人）将足以支付汇票金额的资金存入承兑银行置换质押的电子银行承兑汇票，或银行以质押电子银行承兑汇票托收回来的款项存入保证金专户用于解付新电子银行承兑汇票。

【业务示范】

其实，很多中小型金融机构管理规范，有较强的资金实力，而且非常珍视获得的承兑资格，有严格的内部管理规定，这些中小型金融机构承兑的电子银行承兑汇票风险很小。

银行的客户分层较为明显，大型银行一般服务特大型企业客户，全国性股份制银行服务大中型客户，城市商业银行服务中小型企业，农村商业银行、农村信用社服务当地的村镇企业等。一般特大型的企业客户拒绝收中小型银行的承兑汇票。

【定价策略】

如果中小型银行（农村信用社）承兑的电子银行承兑汇票期限较短，大型银行可以提供短票换长票的服务，也可以不要求客户额外存入保证金。

表1 小行电子票据换大行电子票据定价策略

收到1个月的电子银行承兑汇票质押转换的票据结构	
序号	转换结构	存款结构
1	如1个月电子银票换成2个月电子银票	1天、7天通知存款
2	如1个月电子银票换成3个月电子银票	1天、7天通知存款
3	如1个月电子银票换成4个月电子银票	1天、7天通知存款，3个月定期存款
4	如1个月电子银票换成5个月电子银票	1天、7天通知存款，3个月定期存款
5	如1个月电子银票换成6个月电子银票	1天、7天通知存款

收到2个月的电子银行承兑汇票质押转换的票据结构	
序号	转换结构	存款结构
1	如2个月电子银票换成3个月电子银票	1天、7天通知存款
2	如2个月电子银票换成4个月电子银票	1天、7天通知存款
3	如2个月电子银票换成5个月电子银票	1天、7天通知存款，3个月定期存款
4	如2个月电子银票换成6个月电子银票	1天、7天通知存款，3个月定期存款

收到3个月的电子银行承兑汇票质押转换的票据结构	
序号	转换结构	存款结构
1	如3个月电子银票换成4个月电子银票	1天、7天通知存款
2	如3个月电子银票换成5个月电子银票	1天、7天通知存款
3	如3个月电子银票换成6个月电子银票	1天、7天通知存款

【政策依据】

《中华人民共和国民法典》第四百四十条规定：债务人或者第三人有权处分的下列权利可以出质：

（一）汇票、支票、本票；

（二）债券、存款单；

（三）仓单、提单；

（四）可以转让的基金份额、股权；

（五）可以转让的注册商标专用权、专利权、著作权等知识产权中的财产权；

（六）现有的以及将有的应收账款；

（七）法律、行政法规规定可以出质的其他财产权利。

【业务分析】

一些向农村、地方村镇销售物资的经销商，比如大型的钢铁经销商向乡镇销售钢材，乡镇的地方城投企业、当地的金属加工企业等多在当地的农村商业银行、乡镇银行、农村信用社办理电子银行承兑汇票，但大型的钢铁经销商收到的这些小型金融机构的电子银行承兑汇票，根本没有办法直接背书转让给大型钢厂，只能委托自己的开户银行，帮助办理置换业务，将这些小型金融机构的电子银行承兑汇票置换为大型银行的电子银行承兑汇票。

中小型金融机构大量签发电子银行承兑汇票在各地的流通往往受到限制，但对于大型银行而言，意味着这是一个巨大的市场。

【产品优势】

1. 银行优势。

（1）银行可以获得大额稳定、成本较低的存款沉淀，通常可以要求客户配比一定量的定期存款。这类存款营销成本极低，不像纯存款业务，需要投入高额的营销费用。

（2）银行可以实现关联营销，借助电子银行承兑汇票连接上下游的优势，关联营销现有客户的上游企业。

2. 客户优势。

（1）避免将电子银行承兑汇票贴现，以及客户需要承担的大额财务费用。这些中小型银行承兑的电子银行承兑汇票，往往贴现额度非常紧张，而且贴现利率较高。

（2）在电子银行承兑汇票短票换长票的模式下，客户还会获得可观的保证金存款利息收益。

【所需资料】

1. 有关证明交易真实性的资料。电子银行承兑汇票质押开立电子银行承兑汇票，客户需要提供拟质押电子银行承兑汇票（无须提供票据所对应的商品交易合同、增值税发票资料），同时需要提供新签发的电子银行承兑汇票所对应的商品交易合同资料。

2. 低风险授信所需的常规资料，包括营业执照、人民银行征信等一般资料。

【营销建议】

1. 对中小型企业提供融资的切入点非常多。很多银行热衷于办理联保贷款、货押融资、供应链融资、房产抵押融资等，这些业务操作复杂、风险点较多、管理难度较大，审批周期较长。与其投入精力办理这些收益一般的业务，还不如办理这些中小型企业持有的中小型银行承兑的电子银行承兑汇票贴现或电子银行承兑汇票置换业务。这些农商银行办理的金额较小、贸易背景扎实的银行承兑汇票风险可控。

比如，一个钢铁经销商可以提供如下可以抵押的资产：

（1）持有的房产，评估值为200万元，可以七折质押率；

（2）持有的钢铁，市价值为200万元，可以七折质押率；

（3）×××农村信用社承兑的电子银行承兑汇票，票面金额为200万元。

银行提供140万元贷款，愿意选择哪种抵押品（办理质押贷款和办理贴现或电子银行承兑汇票置换业务的风险度一样）。

风险度肯定是电子银行承兑汇票质押方式的风险小。试想，再小的银行也是银行，管理都较为规范，资产规模较大。

2. 一些大型银行可以将这类业务作为重点，专门寻找一些特大型客户持有的这类"票据"，从而成为票据解决专家。

【案例】

河北××钢铁销售有限公司小行电子银票变大行电子银票案例

一、企业基本概况

河北××钢铁销售有限公司注册资本为3000万元，年销售规模达15亿元，为河北本地的特大型钢铁经销商，每年收到大量电子银行承兑汇票。

公司在河北的井陉、藁城等地有大量的村镇用户，这些用户在当地的×××农村信用社、村镇银行大量签发电子银行承兑汇票。河北××钢铁销售有限公司每年收到下游客户支付的×××农村信用社承兑的电子银行承兑汇票超过3亿元。

河北××钢铁销售有限公司为刺激销售，扩大钢铁销售市场，对于收取的电子银行承兑汇票的要求不严。但是，河北××钢铁销售有限公司上游为河北钢铁集团，河北钢铁集团不收取城市商业银行及农村信用社、村镇银行的电子银行承兑汇票。

二、银行切入点分析

××银行了解到，河北××钢铁销售有限公司每年收到的3亿元×××农村信用社承兑的电子银行承兑汇票无法背书转让给河北钢铁集团，当地的银行又不给办理贴现，只能高成本采取隐性贴现方式，获取现金。

××银行立即给河北××钢铁销售有限公司申请额度为6亿元的电子银行承兑汇票，保证金比例为50%，采取敞口担保方式，对×××农村信用社承兑的电子银行承兑汇票提供抵押。同时考虑到河北××钢铁销售有限公司票据量大，这种操作模式可以大幅沉淀存款。

三、银行合作情况

××银行提供如下服务：

1. 河北××钢铁销售有限公司将收到一笔期限为1个月，金额为100万元的电子银行承兑汇票，汇票号码：000005，交付给某银行，银行提供短票变长票的业务。

2. 银行确定提供 1 个月变 6 个月服务，并商议托收回来的资金存为存款期限为 3 个月定期存款及 7 天通知存款。

3. 银行与上海××钢铁销售有限公司签订电子银行承兑汇票质押协议及银行承兑协议。银行为客户办理期限为 6 个月，金额为 100 万元的电子银行承兑汇票，汇票号码：000006。

4. 电子银行承兑汇票（汇票号码：000005）到期，银行办理托收，将托收回来的 100 万元资金按照先 3 个月定期存款，后 7 天通知存款进行办理。

5. 电子银行承兑汇票（汇票号码：000006）到期，银行扣划 100 万元资金兑付票据。

【点评】

中小型金融机构主要包括中小型农村商业银行、中小型城市商业银行。

一个不可否认的现实，中小型金融机构承兑的电子银行承兑汇票流通不易，很多特大型企业拒收这类电子银行承兑汇票，很多大型银行拒绝对这些中小型金融机构承兑的电子银行承兑汇票办理贴现。

例如，中石油会拒收石油经销商支付的由农村信用社承兑的电子银行承兑汇票，石油经销商收到农村信用社的电子银行承兑汇票后，只有换成大型银行的电子银行承兑汇票，才能向中石油支付货款。

小提示：

小行票　　大收益

你拿票　　我来换

大行票　　贴现低

流通快　　双方赢

现在很多特大型制造企业非常挑剔，基本不收取经销商签发的小型农村商业银行、小型城市商业银行的银行承兑汇票，其实这类小型银行的银行承兑汇票风险很小。

【业务二】 财票换银票

> 大型银行通过改造票据的属性，将企业收到的财务公司承兑汇票改造为大型银行承兑的电子银行承兑汇票，可以获得可观的存款回报，同时风险很低。

【产品定义】

财票换银票是指银行根据持票人的需要，协助持票人变换票据的承兑人，将持票人持有的财务公司承兑汇票采取质押方式置换成银行的电子银行承兑汇票，满足持票人商务采购支付结算需要的一种票据服务形式。

【适用客户】

适用客户为持有财务公司承兑汇票的客户，大部分此类客户均是财务公司所在的集团成员单位的上游客户。

很多大型企业担心这类财务公司承兑汇票被追索后波及自身，所以并不会接受这些财务公司承兑汇票。

【业务分析】

中国银保监会批准很多大型企业集团设立大量财务公司，很多财务公司在全国并不知名，极大影响这类财务公司承兑汇票的流通。这类财务公司承兑汇票就需要置换成银行的电子银行承兑汇票。

由于财务公司属于中国银保监会强监管的机构，这类财务公司信用风险并不大。

例如，××煤化工财务有限公司，属于本地极为优质的客户，但其电子承兑汇票在外地接受程度较差，需要置换成银行的电子银行承兑汇票。

【产品优势】

1. 银行优势。

（1）银行可以获得较高的存款收益；

（2）由于财务公司普遍非常有实力，银行相对信贷风险较低。

（3）集团财务公司与集团成员单位天然存在血缘关系，银行可以有效扩大客户群体，极大扩充票源。

2. 客户优势。

（1）可以扩大企业的销售规模，避免以往因为拒收下游客户支付的小型银行的电子银行承兑汇票，而丧失销售机会。

（2）企业可以将收到的财务公司承兑汇票转换成银行的电子银行承兑汇票而获得流通机会。

【案例】

××医控股（集团）公司财票换银票案例

一、企业基本概况

××医控股（集团）公司是大型控股集团公司，授权经营和管理市属化工、医药等行业以及控股、参股的生产企业、工业供销公司、专业公司和科研院所的资产。实现全口径销售收入556亿元，集团总资产超过730亿元。

××医控股集团财务有限公司为集团内财务公司，实力极强。

二、银行切入点分析

河南××企业有限公司收到××医控股集团财务有限公司承兑汇票一张，金额为300万元，河南××企业有限公司的上游为××制药（中国）有限公司。

××制药（中国）有限公司不接受财务公司承兑汇票。

三、银企合作情况

××银行营销河南××企业有限公司，将收到的财务公司承兑汇票，在该行办理置换为银行的电子银行承兑汇票。

【业务三】 小行电子票据＋大收款人＋票据买断

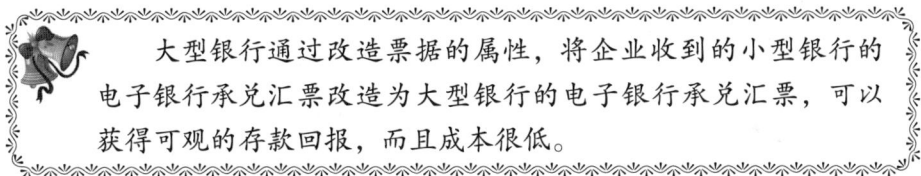

> 大型银行通过改造票据的属性，将企业收到的小型银行的电子银行承兑汇票改造为大型银行的电子银行承兑汇票，可以获得可观的存款回报，而且成本很低。

【产品定义】

小行电子票据＋大收款人＋票据买断是指电子银行承兑汇票的承兑人为中小型银行，收款人为特大型企业，银行将特大型企业持有的电子银行承兑汇票提供买断的一种票据服务形式。

【适用客户】

1. 适用客户为票据业务量较大的大型钢铁厂商、汽车厂商、家电厂商、水泥厂商、石油厂商、煤矿企业等，这类客户的持票量极大。

2. 外商在中国的投资企业，如电信设备公司、大型化工公司等客户。

【业务流程】

1. 持票人提出以收到的电子银行承兑汇票卖断给银行，银行审批通过后，持票人背书转让电子银行承兑汇票。

2. 银行向持票人支付票据价款。

【定价策略】

银行为客户提供票据买断业务，融资利率高于贴现利率50个基点。

【产品优势】

1. 银行优势。

（1）银行可以获得较高的融资收益，融资利率远远高于贴现。

（2）银行可以有效地扩大客户群体，尤其是高端企业客户群体，最大限度地扩充了票源。

2. 客户优势。

（1）可以扩大企业销售规模，避免因为拒收下游客户支付的小型银行的电子银行承兑汇票，而丧失销售机会。

（2）企业将收到电子银行承兑汇票卖断给银行，消除风险。

【所需资料】

1. 有关证明交易真实性的资料。客户需要提供拟质押电子银行承兑汇票所对应的商品交易合同、增值税发票等资料。

2. 低风险授信所需常规资料包括营业执照、人民银行征信等一般资料。

【案例】

××铝业有限公司票据卖断业务案例

一、企业基本概况

××铝业有限公司注册资金为12369万美元，总资产为80亿元，占地面积达80多公顷，现有员工为1300余人，相关从业人员有5000余人。

公司属冶金企业，主业以生产及销售氧化铝为主，涉及发电、煤气制造、矿山采掘、汽车运输、城市供暖等多个领域。公司实现产值79.68亿元，实现税收12.06亿元；实现销售收入77.62亿元。公司曾获"省工业百强企业""省国税纳税百强企业""省原材料加工60强企业""省民营科技50强企业"等荣誉称号。

二、银行切入点分析

××铝业有限公司采取谨慎的销售政策，不接受小型银行承兑的银行承兑汇票，导致很多生意都放弃了。

三、银企合作情况

××铝业有限公司将收到的电子银行承兑汇票卖断给当地城市商业银行，当地城市商业银行为其办理等金额的电子银行承兑汇票。

【点评】

很多特大型企业的财务人员非常了解金融市场，知道中小型金融机构承兑的电子银行承兑汇票的风险大于大型金融机构承兑的电子银行承兑汇票，因此制定了销售收款政策，拒绝销售人员收取小型金融机构承兑的电子银行承兑汇票。

这些特大型企业的下游买家很多是从中小型金融机构获得授信的，拒收这类电子银行承兑汇票，会直接导致错失很多业务商机。

大型企业的本地开户银行就可以提供对这些中小金融机构承兑的电子银行承兑汇票办理买断服务。

中小金融机构主要包括中小型农村商业银行、中小型城市商业银行，如地区农村商业银行、当地中小城市商业银行。

【业务四】 票易票（单笔电子票据短变长）

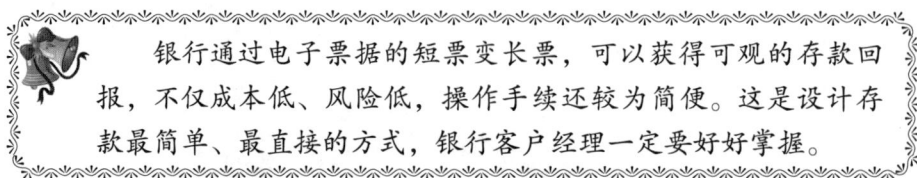

银行通过电子票据的短票变长票，可以获得可观的存款回报，不仅成本低、风险低，操作手续还较为简便。这是设计存款最简单、最直接的方式，银行客户经理一定要好好掌握。

【产品定义】

单笔电子票据短变长是指银行根据持票人的需要，改变票据结构，将持有短期限的电子银行承兑汇票采取质押方式置换成长期限的电子银行承兑汇票，满足持票人商务采购支付结算需要的一种票据服务形式。

【适用客户】

1. 票据业务量较大的钢铁厂商、汽车厂商、家电厂商、水泥厂商、石油厂商、煤矿企业等客户具有优势，持票量极大，能够将收到的短票置换为长票，对上游进行支付，占有资金时间价值。

2. 市场化的特大型企业，能够快速响应银行的营销活动。

【业务流程图】

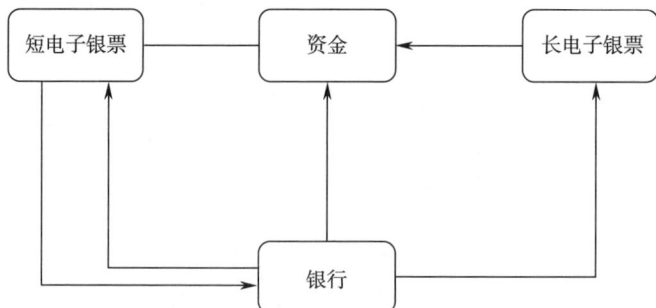

图2 电子银票票易票（单笔电子票据短变长）流程

【业务流程】

1. 持票人（出票人）提出以收到的电子银行承兑汇票作为质押，申请办理新电子银行承兑汇票。银行按照内部操作规程进行审批，审批通过后，出票人提交电子银行承兑汇票，签订电子银行承兑汇票质押合同。

2. 持票人（出票人）与承兑行签订银行承兑协议，出票人签发电子银行承兑汇票。

3. 承兑银行将办理好的电子银行承兑汇票交付给持票人（出票人），出票人办理电子银行承兑汇票的交付。

4. 电子银行承兑汇票到期前，持票人（出票人）将足以支付汇票金额的资金存入承兑银行，置换质押的电子银行承兑汇票，或银行以质押电子银行承兑汇票托收回来的款项存入保证金专户，用于解付新电子银行承兑汇票。

【定价策略】

银行将根据客户为银行创造的综合收益确定向客户提供的存款品种（甚至明确告诉客户，本次存款收益已经覆盖新签发银票的手续费）。比如，在本行有大量的存款、代发工资、理财等业务，收益较好的客户，可以提供3个月定期存款＋7天通知存款的组合。

表2 电子银票票易票定价策略

收到1个月电子银行承兑汇票质押转换的票据结构		
序号	转换结构	存款结构
1	如1个月电子银票换成6个月电子银票	1天、7天通知存款，3个月定期存款
2	如1个月电子银票换成5个月电子银票	1天、7天通知存款，3个月定期存款
3	如1个月电子银票换成4个月电子银票	1天、7天通知存款，3个月定期存款
4	如1个月电子银票换成3个月电子银票	1天、7天通知存款
5	如1个月电子银票换成2个月电子银票	1天、7天通知存款
收到2个月电子银行承兑汇票质押转换的票据结构		
序号	转换结构	存款结构
1	如2个月电子银票换成6个月电子银票	1天、7天通知存款，3个月定期存款
2	如2个月电子银票换成5个月电子银票	1天、7天通知存款，3个月定期存款
3	如2个月电子银票换成4个月电子银票	1天、7天通知存款
4	如2个月电子银票换成3个月电子银票	1天、7天通知存款

续表

收到3个月电子银行承兑汇票质押转换的票据结构		
序号	转换结构	存款结构
1	如3个月电子银票换成6个月电子银票	1天、7天通知存款，3个月定期存款
2	如3个月电子银票换成5个月电子银票	1天、7天通知存款
3	如3个月电子银票换成4个月电子银票	1天、7天通知存款

【业务分析】

短期限电子银行承兑汇票不是指电子银行承兑汇票票面出票日到到期日的时间长，而是指持票人准备质押给银行的日期，到电子银行承兑汇票票面到期日，一般短于4个月。

例如，汽车厂商相较于汽车经销商具有优势，仅收3个月电子银行承兑汇票，而经销商相较于零部件企业具有优势，能将3个月电子银行承兑汇票质押，置换为6个月电子银行承兑汇票支付给零部件企业。

图3 业务分析

【操作规则】

1. 由于短期限电子银行承兑汇票换长期限电子银行承兑汇票可以给银行带来非常可观的保证金存款，因此银行往往非常乐意做票据置换。

为提高银行的综合收益，有时会要求客户配比一定的全额保证金电子银行承兑汇票。

2. 短期限电子银行承兑汇票换长期限电子银行承兑汇票采取质押规则，以短期限电子银行承兑汇票作为质押，换开长期限电子银行承兑汇票。

【政策依据】

《中华人民共和国民法典》（节选）

第四百四十条 债务人或者第三人有权处分的下列权利可以出质：

（一）汇票、支票、本票；

（二）债券、存款单；

（三）仓单、提单；

（四）可以转让的基金份额、股权；

（五）可以转让的注册商标专用权、专利权、著作权等知识产权中的财产权；

（六）现有的以及将有的应收账款；

（七）法律、行政法规规定可以出质的其他财产权利。

第四百四十一条 以汇票、支票、本票、债券、存款单、仓单、提单出质的，质权自权利凭证交付质权人时设立；没有权利凭证的，质权自办理出质登记时设定。法律另有规定的，依照其规定。

第四百四十二条 汇票、本票、支票、债券、存款单、仓单、提单的兑现日期或者提货日期先于主债权到期的，质权人可以兑现或者提货，并与出质人协议将兑现的价款或者提取的货物提前清偿债务或者提存。

【短票换长票背书示范】

表3 短票换长票背书示范

质押背书	
项目名称	机构名称
出质人名称	
质权人名称	
出质日期	

【产品优势】

1. 银行优势。

（1）银行可以获得大额稳定、成本较低的存款沉淀，存款通常包括1天通知存款、7天通知存款、3个月定期存款。这类存款营销成本极低，不像纯存款业务，需要投入高额的营销费用。

（2）银行可以实现关联营销，借助电子银行承兑汇票连接上下游的优势，关联营销现有客户的上游企业。

2. 客户优势。

（1）该业务相对于直接将票据背书转让，在保证经营采购支付效果不变的前提下，买方（出票人）可以额外获得稳定的理财存款收益，明显超出活期存款利息，同时可以达到延期付款的商业目的。

（2）该业务相对于买方将收到的电子银行承兑汇票办理贴现获得现款支付，避免了直接贴现方式下，买方需要承担较高的贴现财务费用的弊端。

【所需资料】

1. 有关证明交易真实性的资料。电子银行承兑汇票质押开立电子银行承兑汇票，客户需要提供拟质押电子银行承兑汇票所对应的商品交易合同、增值税发票资料，同时需要提供新签发电子银行承兑汇票所对应的商品交易合同资料。

2. 低风险授信所需常规资料包括营业执照、人民银行征信等一般资料。

【营销建议】

1. 该业务模式适用于对采取票据结算和现款结算差别很小、价格不敏感的企业之间的商务交易。可以帮助持票人改造其收到的电子银行承兑汇票，典型的如汽车厂、钢厂在收到期限较短的电子银行承兑汇票后，可以适度改造成期限较长的电子银行承兑汇票，用于商务结算。帮助客户额外获得一些理财利益，通常机制灵活的企业会积极回应银行的利益导向营销。

持票人收到短电子银行承兑汇票后，如果卖方不计较，则尽量不用短电子银行承兑汇票直接交付，而是想办法将其变成长电子银行承兑汇票。

2. 营销的时候要重点突出该业务给客户带来非常可观的保证金存款利息收益，客户就会愿意将手中的短票据交付给银行，操作置换业务。只要保证金存款收益可以覆盖手续费，客户就会愿意操作票据置换业务。

【案例】

上海××钢铁销售有限公司短票变长票案例

一、企业基本概况

上海××钢铁销售有限公司注册资本3000万元，年销售规模达5亿元，为上海本地的二级钢铁经销商，每年收到大量电子银行承兑汇票。公司每年从一级钢铁经销商——××钢铁销售有限公司大量购买钢材。上海××钢铁销售有限公司与××钢铁销售有限公司销售结算以票据为主。

××钢铁销售有限公司为了刺激销售，扩大钢铁销售市场，对于收取的电子银行承兑汇票的期限要求不严。

二、银行切入点分析

××银行了解到，××钢铁销售有限公司发展超过10家的大型二级经销商，该公司采取进货加点销售模式，快进快出，销售价格灵活，对于收取的电子银行承兑汇票或现款差别不大。上海××钢铁销售有限公司票据量较大，将其中的短期电子银行承兑汇票改造成长期电子银行承兑汇票后，银行赚取一定的存款，上海××钢铁销售有限公司可以获得一定的票据理财收益。考虑钢铁经销商票据量极大，这种操作模式可以大幅沉淀存款。

三、银行合作情况

××银行提供如下服务：

1. 上海××钢铁销售有限公司将收到的一笔电子银行承兑汇票，期限为1个月，金额为500万元，交付给××银行，银行提供短票变长票业务。

2. 银行确定提供1个月变6个月服务，并商议托收回来的资金存为存款期限为3个月定期存款及7天通知存款。

3. 银行与上海××钢铁销售有限公司签订电子银行承兑汇票质押协议及银行承兑协议。银行为客户办理期限6个月，金额为500万元的电子银行承兑汇票。

4. 电子银行承兑汇票到期，银行办理托收，将托收回来的500万元资金按照先3个月定期存款，后7天通知存款办理存款。

5. 电子银行承兑汇票到期，银行扣划500万元资金兑付票据，其余的利息划付给上海××钢铁销售有限公司。

【点评】

财政存款和垄断型企业的存款属于有资源的银行客户经理。一些票据大户可以贡献惊人的存款，我们却视而不见。其实，存款就在我们身边。

　　如果一个强势的客户拿到一张短银票后，完全没有必要直接背书转让给上游客户，可以采取换票方式，先将短银票换成长银票，再支付给上游客户，占用票据的资金时间价值。

　　银行通过为企业办理短票换长票，可以获得极为可观的存款回报，而且都是活期低成本存款。

【业务五】票易票（单笔电子银票长变短）

> 对于票据期限相对敏感的卖家，可以积极营销卖家采用单笔电子银票长变短的方法，如弱势汽车厂和经销商、小钢厂与经销商之间结算。如果卖家较为强势，一定要求现款，则仍应避免将票据贴现，承担过多的贴现利息；可以将票据改短后，采取买方付息的方式支付货款，避免承担过多的贴现利息。

【产品定义】

单笔电子银票长变短是指银行根据持票人的需要，协助持票人变换票据结构，将持票人收到的单笔期限较长电子银行承兑汇票采取质押方式置换成短期电子银行承兑汇票，满足持票人支付结算需要的一种综合票据服务。

【适用客户】

该产品是收取短期票据与现款折扣基本一致的商务交易。客户办理该业务的动机有以下两个。

1. 卖家商务结算政策支持，收取货款，短电子银行承兑汇票与现款提供的商务折扣基本一致，典型的比如钢铁企业、汽车企业、工程机械车企业等，在销售淡季，厂商为了刺激销售，提供这种特殊的商务政策。

例如，钢铁经销商下游是特大型施工企业，施工企业因为强势，一定会支付长期限电子银行承兑汇票；同时，钢铁厂商非常强势，规定3个月的电子银行承兑汇票视同现款，那么钢铁经销商就会选择将收到的长电子银行承兑汇票置换为短电子银行承兑汇票。钢铁经销商两头受气的情况下，只能尽可能地灵活运用票据产品，最大限度地降低融资成本。票据业务量较大的钢铁经销商、汽车经销商、油料经销商、化肥经销商、煤炭经销商、家电经销商等。

2. 降低融资财务费用。在贴现利率较高的时期，将长电子银行承兑汇票置换为短电子银行承兑汇票，如果需要贴现，那么贴现短电子银行承兑汇票可以给企业大量节省财务费用。

【业务流程图】

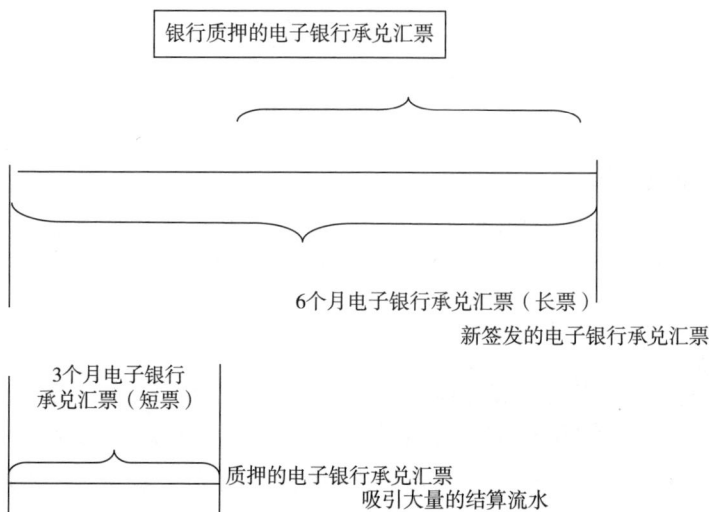

图4　票易票（单笔电子银票长变短）业务流程

将一笔长电子银行承兑汇票拆分为一笔短电子银行承兑汇票后，如果收款人将短票视同现款，则直接支付结算；如果收款人还需要持票人自行承担贴息，则追加使用持票人付息贴现。

【操作规则】

表4　单笔电子银票长变短操作规则

收到6个月的电子银行承兑汇票质押转换的票据结构		
序号	转换结构	备用配套工具
1	如6个月电子银票换成1个月	持票人付息贴现
2	如6个月电子银票换成2个月	持票人付息贴现
收到5个月的电子银行承兑汇票质押转换的票据结构		
序号	转换结构	备用配套工具
1	如5个月电子银票换成1个月	持票人付息贴现
2	如5个月电子银票换成2个月	持票人付息贴现

续表

收到4个月的电子银行承兑汇票质押转换的票据结构		
序号	转换结构	备用配套工具
1	如4个月电子银票换成1个月	持票人付息贴现
2	如4个月电子银票换成2个月	持票人付息贴现

【长票换短票背书示范】

表5　长票换短票背书示范

质押背书	
出质人名称	
质权人名称	
出质日期	

【操作要求】

因为质押的电子银行承兑汇票到期日晚于新电子银行承兑汇票，需要持票人提前填制好贴现申请书、贴现凭证等资料，准备可能的贴现，以备新电子银行承兑汇票解付需要，质押率应当考虑扣除贴现利息。

【产品优势】

一、银行优势

1. 利用票据业务，吸引客户在本行做结算，银行可以获得稳定、连续的结算流水，有利于银行拓展客户的全线票据资源。

2. 可以实现银行的关联营销，营销出票人的上游企业，银行最大限度地挖掘票据的潜力。

3. 银行获得电子银行承兑汇票手续费、电子银行承兑汇票存款、贴息利息等多项综合收入。操作票据长换短业务，除了客户提供质押的电子银行承兑汇票，一般还会要求客户额外存入一定的保证金，银行会吸收可观的存款。

4. 为银行操作短电子银行承兑汇票变长电子银行承兑汇票提供业务机会，可以最大限度地挖掘持票人给银行创造收益的潜力。

二、客户优势

1. 可以最大限度地降低财务费用，避免直接贴现的高额财务成本（将较长期限的电子银行承兑汇票办理贴现，由于贴现票据期限较长，客户承担的财务费用金额较大）。

2. 通过合理改变票据的期限，适应商务交易结算的需要，保证持票人经营活动的连续，最大限度地保证了持票人的利益。

3. 捕捉商业付款条件的利益机会，将上游客户提供的商业优惠条件用足。例如，如果上游钢厂规定收到3个月的银票视同现款，这时候就不应支付6个月的银票，而应置换为短银票。

【风险控制】

由于两张票据期限不同、价值不同，银行必须充分考虑其中的票据价差。

价差计算规则：如6个月1000万元长电子银票换成1个月短电子银票，价差 = 1000 × 贴现利率/360 × 150（贴现利率为银行在未来5个月内任意时点，愿意提供给客户的贴现利率，由于贴现利率变化较快，银行可能需要承担贴现利率风险）。

采取两种方式控制：

1. 补足贴息。银行计算两张票据直接的价差，客户将长变短后的两张票据之间的价差（息差），以银行存款方式存在银行办理质押。

有时，还需要考虑价差存款本身在银行还有定期存款利息，将这部分利息也要考虑进去，客户可能存入的息差还要少些。

2. 扣除贴息。银行计算两张票据直接的价差，在办理质押时，直接在新签发的电子银行承兑汇票金额中扣除。

【营销建议】

1. 对于票据期限相对敏感的卖家，可以积极营销卖家采用这种方法，典型的如弱势汽车厂和经销商，小钢厂与经销商之间的结算。

如果卖家较为强势，一定要求现款，则仍应避免将票据贴现，承担过多的贴现利息；可以将票据改短后，采取持票人付息的方式支付货款，避免承担过多的贴现利息。

银行担当企业的财务顾问，想方设法并最大限度地帮助客户节省财务费用，或者帮助客户赚取更多的钱，只要客户赚钱，客户就会对我们产生依赖。

2. 如果客户仅是操作票据的长换短，并不愿意提供配套的存款，银行仍应坚持去做。首先赢得与客户的合作机会，然后才能够深度挖掘客户的价值潜力。

【案例】

北京×××工程机械销售有限公司
单笔电子银行承兑汇票长变短案例

一、企业基本概况

北京×××工程机械销售有限公司注册资本为 3000 万元，年销售规模达 26 亿元，为北京本地的大型汽车经销商，每年收到大量电子银行承兑汇票。公司每年大量从工程机械制造厂商——上海××工程机械有限公司购买挖掘机等工程机械车辆，北京×××工程机械销售有限公司与上海××工程机械有限公司的销售结算以票据为主。

二、银行切入点分析

××银行了解到，北京×××工程机械销售有限公司在北京发展超过 10 家的终端用户，该公司采取进货加点销售模式，快进快出，销售价格灵活。在销售商务政策上，为了刺激销售，收取电子银行承兑汇票或现款差别不大，因此，北京×××工程机械销售有限公司每年收到大量电子银行承兑汇票。

银行分析，北京×××工程机械销售有限公司票据量较大，可以将其中的长期票据改造成短期票据后，银行赚取一定的结算流水。上海××工程机械有限公司为了刺激销售，根据销售的市场情况，随时改变销售结算政策，在销售刚进入淡季的时候，1 个月期限以下的票据视同现款结算，享受同样销售政策。

三、银行合作情况

××银行提供如下服务：

1. 北京×××工程机械销售有限公司收到 1 笔电子银行承兑汇票，期限为 6 个月，金额为 1000 万元，汇票号码：000005，交付给某银行，银行提供长票变短票业务。

2. 银行确定提供 6 个月长电子银行承兑汇票变 1 个月短电子银行承兑汇票。北京×××工程机械销售有限公司采取补足息差方式满足银行风险控制要求，存入 10 万元息差。

3. 银行与北京×××工程机械销售有限公司签订电子银行承兑汇票质押协议及银行承兑协议、定期存款质押协议。银行为客户办理期限 1 个月、金额 1000 万元的电子银行承兑汇票，汇票号码：000008。北京×××工程机械销售有限公司在银行存入 10 万元息差。

息差 = 1000 × 贴现利率/360 × 150（贴现利率为银行在未来 5 个月内任意时点，愿意提供给客户贴现利率，由于贴现利率变化较快，银行可能需要承担贴现利率风险）。

4. 1 个月 1000 万元电子银行承兑汇票到期，北京×××工程机械销售有限公司缴存足额资金，银行办理兑付。

> 长票改为短票：主要是为了避免将长期限电子银行承兑汇票进行贴现所需要承担的高额成本，阶段性改成短票，需要资金的时候，可以贴现短票，成本大幅降低。

【业务六】票易票（单笔长电子银票变多笔短电子银票）

对于票据期限相对敏感的卖家，可以积极营销卖家采用单笔长电子银票变多笔短电子银票的方法。如果卖家较为强势，一定要求现款，则仍应避免将票据贴现，承担过多的贴现利息；可以将票据改短，同时伴随拆小，促进了票据的流通可能。未来拆票会替代贴现业务。票据交易所新一代可拆分票据的出现，满足了拆分的问题，当时票据期限的改造还不能满足。

【产品定义】

单笔长电子银票变多笔短电子银票是指银行根据买方的需要，协助买方变换票据的结构，将买方收到的单笔期限较长的电子银行承兑汇票采取质押方式置换成多笔短期限电子银行承兑汇票，满足买方支付结算需要的一种票据服务形式。该产品的商业逻辑性在于市场流通的大面额电子银行承兑汇票往往期限较长，在交易中，需要将大面额电子银行承兑汇票拆分为小面额电子银行承兑汇票，票据交易所新一代票据系统推出了等分化票据，但是不具备票据变短的功能。而部分企业在商务支付活动中无法将长期限的银行承兑汇票支付出去，所以要长换短。

【业务流程图】

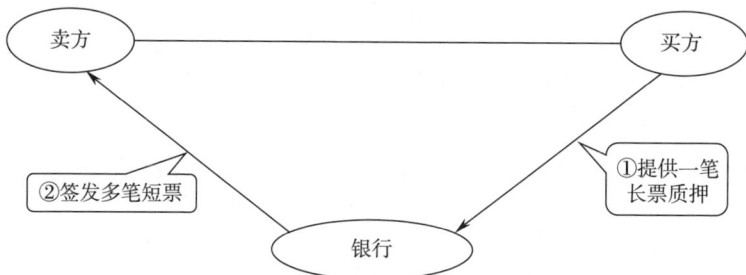

图5 票易票（单笔长票据变多笔短票据）业务流程

将一笔长电子银行承兑汇票拆分为多笔短电子银行承兑汇票后，如果收款人将短票视同现款，直接支付结算；如果收款人还需要买方自行承担贴息，则追加使用买方付息贴现。

【操作规则】

表6　单笔长电子银票变多笔短电子银票操作规则

收到6个月的电子银行承兑汇票质押转换的票据结构		
序号	转换结构	备用配套工具
1	如6个月换成1个月电子银行承兑汇票	买方付息贴现
2	如6个月换成2个月电子银行承兑汇票	买方付息贴现
收到5个月的电子银行承兑汇票质押转换的票据结构		
序号	转换结构	备用配套工具
1	如5个月换成1个月电子银行承兑汇票	买方付息贴现
2	如5个月换成2个月电子银行承兑汇票	买方付息贴现
收到4个月的电子银行承兑汇票质押转换的票据结构		
序号	转换结构	备用配套工具
1	如4个月换成1个月电子银行承兑汇票	买方付息贴现
2	如4个月换成2个月电子银行承兑汇票	买方付息贴现

【操作要求】

因为质押的电子银行承兑汇票到期日晚于新电子银行承兑汇票，所以需要买方提前填制好贴现申请书、贴现凭证等资料，准备可能的贴现，以备新电子银行承兑汇票解付的需要，质押率应当考虑扣除贴现利息。

【产品优势】

一、银行优势

1. 银行可以获得连续稳定的结算流水，有利于银行拓展客户的全线票据资源。

2. 银行可以实现关联营销，借助电子银行承兑汇票关联营销客户的上游企业，银行可以有效地扩大客户群。

二、客户优势

1. 可以最大限度地降低财务费用，避免直接贴现的高额财务成本。

2. 保证了买方商务交易的连续结算。在买方付息模式下，商务付款的效果等同现款支付，买方可以获得可观的商务折扣。

【风险控制】

由于票据期限不同，价值不同，银行必须充分考虑其中的票据价差。

价差计算规则：如 6 个月 1000 万元长电子银行承兑汇票换成 1 个月短电子银行承兑汇票多笔、2 个月电子银行承兑汇票多笔。以期限最短的电子银行承兑汇票计算需要的贴息。

价差 = $1000 \times$ 贴现利率$/360 \times 150$（贴现利率为银行在未来 5 个月内任意时点，愿意提供给客户的贴现利率，由于贴现利率变化较快，银行可能需要承担贴现利率风险）。

采取两种方式控制：

1. 补足贴息：银行计算两张票据直接的价差，要求客户将长变短两张票据之间的价差（息差），以银行存款方式存在银行办理质押。

有时，还需要考虑价差存款本身在银行还有定期存款利息，将这部分利息也要考虑进去，客户可能存入的息差还要少些。

2. 扣除贴息：银行计算两张票据直接的价差，在办理质押时，直接在新签发的电子银行承兑汇票金额中扣除。

【营销建议】

收取短期票据与现款折扣基本一致的商务交易。

客户办理该业务动机：卖家制定的商务结算政策，短期限电子银行承兑汇票与现款折扣基本一致，比如在各地的电网公司为解决各地企业拖欠电费问题，可以支付短期限电子银行承兑汇票（起码收到钱，这也比被长期拖欠强），一些用电的客户例如中小钢铁厂商、电解铝厂商、化肥厂商等，收到大量期限较长的大面额电子银行承兑汇票，这时候需要对票据拆分，同时长票换为短票。

例如，我们经常看见一个钢铁经销大户向一些中型钢厂支付超过 5000 万元面额的电子银行承兑汇票，而钢厂的上游供应商数量众多，如炉料公司、铁矿石公司等非常强势，只收取短电子银行承兑汇票，这时候就有了这类业务需求。做精细化营销，捕捉每个细微的营销机会。

【案例】

北京××热力有限公司单笔长票据变多笔短票据案例

一、企业基本概况

北京××热力有限公司注册资本为 3000 万元，年销售规模达 6 亿元，为北京本地的大型热力集团。公司每年上游客户：北京××电厂、北京××煤炭供应商公司、北京××水厂；公司下游客户：北京各大钢厂、各大宾馆、大学、医院等。

二、银行切入点分析

××银行分析，北京××热力有限公司与从下游客户收取多为期限较长的电子银行承兑汇票。公司以往都是将长电子银行承兑汇票贴现后，现金付款给上游供应商。某银行设计，可以采取票据支付的方式，以期限较长的电子银行承兑汇票质押变成多笔期限较短的电子银行承兑汇票，用于支付其中的小金额支出，如水费、电费等。

三、银行合作情况

××银行提供如下服务：

1. 北京××热力有限公司收到 1 笔电子银行承兑汇票，期限为 6 个月，金额为 1000 万元，交付给某银行，银行提供单笔长电子银行承兑汇票变多笔短电子银行承兑汇票业务。

2. 银行完成票据手续后，确定提供 6 个月长电子银行承兑汇票变 1 个月短电子银行承兑汇票 3 笔。

3. 银行与北京××热力有限公司签订电子银行承兑汇票质押协议及银行承兑协议。银行为北京××热力有限公司办理如下票据：

期限 1 个月、金额 200 万元的电子银行承兑汇票。

期限 2 个月、金额 300 万元的电子银行承兑汇票。

期限 1 个月、金额 500 万元的电子银行承兑汇票。

北京××热力有限公司在银行存入 20 万元价差。

4. 3 笔电子银行承兑汇票分别到期后，银行扣划北京××热力有限公司资金，办理兑付。

对各家营销银行承兑汇票的建议：

1. 出票人、收款人均在本行开户。

2. 对出票人施加一定压力。

3. 电子银票封闭循环。

4. 可以不同支行，但是必须同行。

【业务七】小票池（小电子票据换大电子票据）

对银行创利而言，小面额电子银行承兑汇票的价值远远超过大面额电子银行承兑汇票。小面额电子银行承兑汇票能给银行创造更多的存款和金融创新的机会。

【产品定义】

小电子票据换大电子票据是指银行根据持票人的需要，协助持票人变换票据的结构，将持票人收到的多笔小面额短电子银行承兑汇票采取质押方式置换成一笔大面额长电子银行承兑汇票，满足其支付结算需要或进行低价格贴现的一种票据服务形式。

说明：小面额电子银行承兑汇票，通常都是指金额在 100 万元以下的小面额电子银行承兑汇票，银行对小面额电子银行承兑汇票贴现定价较高，因为，这类票据较难进行转贴现。

银行一般喜欢 1000 万元大面额电子银行承兑汇票，此类票据转贴现较为容易。

【适用客户】

适用客户为票据业务量较大的中小型企业。中小型企业在向上游强势企业付款的时候，上游强势企业往往非常挑剔，不收取它们的电子银行承兑汇票，或不收取小面额的电子银行承兑汇票等。

【业务示意图】

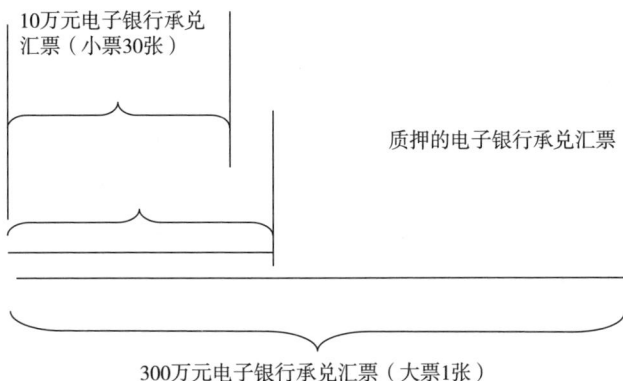

图6 小票池（小电票换大电票）业务示意

【定价策略】

银行将根据客户为银行创造的综合收益确定向客户提供的存款品种（甚至明确告诉客户，本次存款收益已经覆盖新签发电子银行承兑汇票的手续费）。

例如，如果客户给银行创造了较高的综合收益，可以提供存款利率较高的存款品种。

对于较为低端的客户，同时承兑行规模偏小，可以收取一定的票据转换费。

【操作规则】

表7 小电子票据换大电子票据操作规则

序号	转换结构	存款结构
1	如1个月、1.5个月电子银行承兑汇票换成6个月定期存款	1天通知存款、7天通知存款、3个月定期存款
2	如1个月、1.5个月、2个月电子银行承兑汇票换成6个月定期存款	1天通知存款、7天通知存款、3个月定期存款

比如，1个月100万元、2个月200万元电子银行承兑汇票质押开立6个月300万元电子银行承兑汇票，每笔票据到期后，托收回来的资金全部

存入保证金账户，存为多笔定期存款账户，等待新电子银行承兑汇票的解付。为客户实现一定的理财收益。

【产品优势】

一、银行优势

1. 小票换大票，如果伴随短票换长票，银行可以获得稳定、连续、成本较低稳定的存款沉淀，存款通常包括 1 天通知存款、7 天通知存款、3 个月定期存款、6 个月定期存款。

2. 银行可以实现关联营销，借助电子银行承兑汇票营销出票人的上游企业，通过电子银行承兑汇票营销持票人的上游客户，顺理成章。

3. 锁定客户的所有票据资源，目标是将客户收到的所有电子银行承兑汇票全部拿回本行。客户经理看到客户手中的电子银行承兑汇票后，必须全部拿回本行。要记住：电子银行承兑汇票就是存款，就是无穷的客户资源。

单纯的小票换大票，没有直接的存款，银行都应积极办理，只要抓住客户，就会有源源不断深入营销的机会。不要在乎每笔生意都赚钱，对于一些有潜力的客户，首先赢得合作机会，然后谋划长远。

二、客户优势

1. 相对于直接将票据背书转让，在保证经营采购支付效果不变的前提下，客户可以获得稳定的理财存款收益，明显超出活期存款利息。

2. 相对于直接将票据贴现，避免了直接贴现方式下，需要承担较高的贴现利息费用，符合企业的利益。

3. 采取大票贴现，而非小票贴现，利用大票贴现利率低，小票贴现利率高的价差，可以帮助企业降低融资成本。

【营销建议】

银行应当紧紧抓住客户的各类需求，充分了解客户的经营规律，为客户提供深度的理财服务，能帮助客户、解决客户最关心的问题就是理财服务，如我们帮助客户操作小票换大票就是最简单的理财服务。

【案例】

北京××汽车销售有限公司多笔票据短票变长票

一、企业基本概况

北京××汽车销售有限公司注册资本为3000万元，年销售规模达5亿元，为北京本地的大型汽车经销商，每年收到大量电子银行承兑汇票。公司每年大量从汽车制造厂商——安徽××汽车有限公司购买汽车。北京××汽车销售有限公司与安徽××汽车有限公司销售结算以票据为主。

二、银行切入点分析

××银行了解到，安徽××汽车有限公司在北京发展超过10家的大型经销商，该公司采取进货加点销售模式，快进快出，销售价格灵活，对于收取的电子银行承兑汇票或现款差别不大。北京××汽车销售有限公司票据量较大，可以将其中的短期票据改造成长期票据后，银行赚取一定存款收益。北京××汽车销售有限公司与安徽奇威汽车有限公司结算量极大，安徽××汽车有限公司给予2个月左右的账期。

三、银行合作情况

××银行提供如下服务：

1. 北京××汽车销售有限公司收到3笔电子银行承兑汇票，分别是期限为1个月，金额为1000万元；期限为2个月，金额为2000万元；期限为3个月，金额为1000万元，交付给某银行，银行提供短变长业务。

2. 银行完成票据手续后，确定提供短票变6个月电子银行承兑汇票，并商议托收回来的资金存为存款期限为3个月定期存款及7天通知存款。

3. 银行与北京××汽车销售有限公司签订电子银行承兑汇票质押协议及银行承兑协议。银行为客户办理期限6个月、金额1000万元的电子银行承兑汇票。

4. 质押的电子银行承兑汇票到期，银行办理托收，将托收回来的资金按照如下规则存款：

期限1个月、金额1000万元的电子银行承兑汇票托收回来资金存为3个月定期存款及7天通知存款。

期限2个月、金额2000万元的电子银行承兑汇票托收回来资金存为3

个月定期存款及 7 天通知存款。

期限 3 个月、金额 1000 万元的电子银行承兑汇票托收回来资金存为 7 天通知存款。

5. 电子银行承兑汇票到期，银行扣划 3000 万元资金兑付票据，其余的利息划付给北京××汽车销售有限公司。

采取大票贴现，而非小票贴现，利用大票贴现利率低，小票贴现利率高的价差，可以帮助企业降低融资成本。

【业务八】票据拆分
（短大电子票据换长小电子票据）

票据拆分业务对采取票据结算和现款结算价格不敏感的企业之间适用，如弱势汽车厂和经销商、小钢厂与经销商之间结算。同时，这类客户票据业务量较大，能够配合银行的票据经营策略。

【产品定义】

短大电子票据换长小电子票据是指银行根据持票人的需要，协助持票人变换票据的结构，将持票人收到的一笔大面额短电子银行承兑汇票采取质押方式置换成多笔小金额的长电子银行承兑汇票，满足其支付结算需要的一种票据服务形式。

【适用客户】

适用客户为票据业务量较大的小型制造类企业，这些客户上游为一些零散的微型供应商，如小型机械制造企业、小型的钢厂等；一些地方施工企业、零散供应商，如钢铁经销商、水泥供应商等。

该类客户通常从多个卖家购买货物，因此，需要进行票据拆分，即需要将一张大面额的电子银行承兑汇票拆分成多张小面额的电子银行承兑汇票。

【业务流程图】

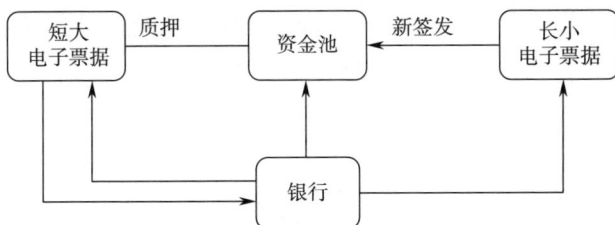

图7　票据拆分业务（短大电子票据换长小电子票据）流程

【定价策略】

银行将根据客户为银行创造的综合收益确定向客户提供的存款品种，考虑大票拆小票的客户群体多为中小型企业，且操作该业务需要一定量的人工成本，因此，这类客户可以提供利率较低的存款品种，甚至不再给存款利息。

【操作规则】

表8　短大电子票据换长小电子票据操作规则

收到1个月的电子银行承兑汇票质押转换的票据结构		
序号	转换结构	存款结构
1	如1笔1个月电子银行承兑汇票换成2笔6个月电子银行承兑汇票	1天通知存款、7天通知存款、3个月定期存款
2	如1笔1个月电子银行承兑汇票换成2笔5个月电子银行承兑汇票	1天通知存款、7天通知存款、3个月定期存款
收到2个月的电子银行承兑汇票质押转换的票据结构		
序号	转换结构	存款结构
1	如1笔2个月电子银行承兑汇票换成2笔6个月电子银行承兑汇票	1天通知存款、7天通知存款、3个月定期存款
2	如1笔2个月电子银行承兑汇票换成2笔5个月电子银行承兑汇票	1天通知存款、7天通知存款、3个月定期存款

【业务分析】

短电子银行承兑汇票托收回来的资金应当根据拆分开出去的每笔小面额电子银行承兑汇票分别存保证金，形成一系列的存款包，并根据新开的小面额电子银行承兑汇票的时间差，尽可能存为有利于客户的存款种类。比如，期限有4个月的时间差，可以存为3个月定期存款；如果有1个月的时间差，可以存为7天通知存款。

【产品优势】

一、银行优势

1. 银行可以获得稳定、连续、低成本的存款沉淀，存款通常包括1天通知存款、7天通知存款、3个月定期存款、6个月定期存款。

2. 银行可以实现关联营销，低成本的营销出票人的众多上游企业，有效扩大银行的客户群体，为深度营销奠定基础。由于票据拆分为小面额电子票据后，收款人都为一些更小的客户，很容易营销办理贴现。

3. 银行将客户所有庞大的票据资源索回本行，同时，通过一笔短电子银行承兑汇票变多笔长电子银行承兑汇票，牢牢将客户结算流水吸引到本行。

二、客户优势

1. 既保证持票人商务交易支付的衔接，同时持票人可以获得稳定的理财存款收益，明显超出活期存款利息。

2. 避免在传统方式下，企业需将电子银行承兑汇票贴现，而需承担较高的贴现利率成本。通过票据拆分业务，就可以完成支付。

【点评】

对于银行而言，吸引客户的结算流水最重要，客户只有把流水放在这家银行，才能真正对这家银行产生依赖。

【案例】

北京××焦炭经销有限公司一笔短票据变多笔长票据案例

一、企业基本概况

北京××焦炭经销有限公司注册资本为20亿元，年销售规模达95亿元，为北京本地的大型焦炭经销企业，每年收到大量电子银行承兑汇票。公司上游客户：山西各地的小型焦炭厂、生铁厂等，超过20家，支付工具多为电子银行承兑汇票，且期限不限。公司下游客户：大型钢铁厂，支付工具多为电子银行承兑汇票，由于存在扣息，因此收到的电子银行承兑汇票多为短票。

二、银行切入点分析

××银行了解到，北京××焦炭经销有限公司在山西有超过20家的小型焦炭厂、生铁厂等客户，北京××焦炭经销有限公司针对上游供应商，支付4个月电子银行承兑汇票到6个月电子银行承兑汇票不等，供应商数量众多，单笔交易金额不大。

由于焦炭处于卖方市场，北京××焦炭经销有限公司制定了销售条件，销售收取的电子银行承兑汇票必须是3个月以内短电子银行承兑汇票。

三、银行合作情况

××银行提供如下服务：

1. 北京××焦炭经销有限公司收到1笔电子银行承兑汇票，期限为1个月，金额为1000万元，交付给××银行，××银行提供短电子银行承兑汇票变长电子银行承兑汇票业务。

2. 北京××焦炭经销有限公司提供其与3家供应商签订焦炭采购合同，支付金额分别为200万元、300万元、500万元。银行完成票据手续后，确定提供短电子银行承兑汇票变6个月电子银行承兑汇票的服务，并商议托收回来的资金存款期限为3个月定期存款及7天通知存款。

3. 银行根据北京长新焦炭经销有限公司与3家供应商签订的焦炭采购合同，支付金额分别为200万元、300万元、500万元，分别办理200万元4个月电子银行承兑汇票、300万元5个月电子银行承兑汇票、500万元6个月电子银行承兑汇票。

4. 1个月后，质押的1000万元电子银行承兑汇票到期，银行办理托收，将托收回来的资金按照如下规则存款：

存为期限3个月定期存款，金额为200万元，汇票号码：专项用于号码为000005的电子银行承兑汇票兑付。

存为期限3个月定期存款及7天通知存款，金额为300万元，专项用于号码为000006的电子银行承兑汇票兑付。

存为期限3个月定期存款及7天通知存款，金额为500万元，专项用于号码为000007的电子银行承兑汇票兑付。

5. 3张电子银行承兑汇票陆续到期，银行分别扣划资金兑付电子银行承兑汇票，其余的利息划付给北京××焦炭经销有限公司。

【点评】

　　很多客户经理认为一定要去找存款大户，每次营销都必须有存款回报，其实，这种思路不对。有了业务就会有存款，只要你能够牢牢地锁定客户的所有票据资源就会有存款，不要一心只想着存款，要想着怎样能够把客户需要的有价值的服务提供好，只要你的服务能够渗透到客户的经营环节，客户满意，存款自然会滚滚而来。

【业务九】 电子票据双买断

银行以企业新签发的电子银行承兑汇票作为支付对价,买入企业持有的电子银行承兑汇票,同时,对资产负债表左右两侧的票据权利与义务进行抵消。

【产品定义】

电子票据买断是指银行应客户的申请,以客户签发并由本行承兑的应付电子银行承兑汇票及部分现金作为支付对价,无追索权地买入客户持有的应收电子银行承兑汇票的业务。

应收电子银行承兑汇票是指客户合法持有、未到期的电子银行承兑汇票。

应付电子银行承兑汇票是指客户签发并由本行承兑的电子银行承兑汇票。当应付电子银行承兑汇票金额低于应收电子银行承兑汇票时,对差额部分,在扣除融资利息后,本行支付余款。

同时,银行可以根据应收电子银行承兑汇票托收回来的资金在应付电子银行承兑汇票没有解付前产生的收益情况,决定是否给付现金价差,具体的支付金额根据"票据双买断"业务的收益自行确定。现金价差在应付电子银行承兑汇票解付完毕后支付给客户。

【适用客户】

1. 对票据理财要求较高的客户,多是一些特大型的票源丰富的集团客户,如钢铁集团、汽车集团、石油集团、家电集团等客户,这些客户因为销售环节收到大量的票据,而对外采购也需要支付大量票据。

2. 这些公司多属于上市公司,需要降低资产负债率,因此有这类业务需求。

【业务流程图】

图8　电子票据双买断业务流程

【业务流程】

1. 票据双买断项下对申请人的营销。客户经理负责营销所在地区票据双买断业务客户。申请人确定在叙做票据双买断业务后，应向银行提交业务申请书。

2. 票据双买断协议的签署。

（1）申请人确定在银行叙做票据买断业务，除按照低风险业务材料清单提供材料外，还应提交以下材料：

①业务申请书；

②开立电子银行承兑汇票申请书；

③电子银行承兑汇票；

④申请人与其直接前手之间的增值税发票复印件；

⑤商品交易合同或证明交易的文件（如有）复印件；

⑥经营单位要求的其他文件。

（2）核实申请人与其直接前手之间是否具有真实商品交易关系、所提交单据是否齐全等。

（3）在审查票据完毕，完成《低风险业务授信调查报告》，报有权审批机构审批低风险授信额度，并按照同业授信管理办法的规定办理同业额度领用、备案手续。

（4）受让应收电子银行承兑汇票后，根据买断申请人的申请，为其承兑总金额不高于受让票据总金额的电子银行承兑汇票（作为本业务的应付电子银行承兑汇票），并按合同约定收取开票手续费。银行对应付电子银行承兑汇票承诺有条件放弃对出票人的追索权。

3. 银行根据合同约定，选择是否向客户支付买断"票据双买断"的价差。价差金额根据票据双买断业务收益确定，并在应付电子银行承兑汇票解付后支付。

【操作规则】

1. 应付电子银行承兑汇票金额与应收电子银行承兑汇票金额相等的处理。

银行支付：

（1）等额应付电子银行承兑汇票。

（2）现金价差。银行将应收电子银行承兑汇票托收回来的资金存入"银行——分行保证金账户"。根据保证金账户资金在应付电子银行承兑汇票没有解付前产生的收益，确定具体支付的现金价差。现金价差在应付电子银行承兑汇票解付完毕后支付给客户。

价差计算公式：

现金价差＝保证金账户金额×存款利率×应收电子银行承兑汇票到期日至应付电子银行承兑汇票到期日之间的天数（应收电子银行承兑汇票为异地的，减3天）/360。

其中，存款利率：可以使用1/7天通知存款利率、协定存款利率或3个月定期存款利率计算支付的具体现金价差，并按照相应的科目进行核算。

2. 应付电子银行承兑汇票金额低于应收电子银行承兑汇票金额的处理。

银行支付：

（1）应付电子银行承兑汇票。

（2）应付电子银行承兑汇票金额与应收电子银行承兑汇票的差额款项。在应收电子银行承兑汇票款项托收到账后，扣除根据应付电子银行承兑汇票金额存入"银行——分行保证金账户"的资金，将差额款项支付给客户。

（3）现金价差。

在应收电子银行承兑汇票款项托收到账后，根据应付电子银行承兑汇票金额将足额款项存入"银行——分行保证金账户"，根据应付电子银行承兑汇票没有解付前保证金账户产生的收益，确定具体支付的现金价差。

现金价差在应付电子银行承兑汇票解付完毕后支付给客户。

【产品优势】

一、银行优势

1. 银行可以获得大额稳定、成本较低的存款沉淀。这类存款营销成本极低，不像纯存款业务，需要投入高额的营销费用。

2. 银行可以实现关联营销，借助电子银行承兑汇票连接上下游的优势，关联营销现有客户的上游企业。

二、客户优势

1. 避免了将电子银行承兑汇票贴现，客户需要承担大额的财务费用。客户可以将收到的短电子银行承兑汇票出售给银行，银行对价支付一些长电子银行承兑汇票，客户最大限度地挖掘产业链两端的利益。

2. 在此业务模式下，客户还会获得可观的理财收益。

3. 可以有效地改善企业的财务报表，通过对票据的双买断，客户的应收票据和应付票据同比例削减，可以有效降低企业的资产负债率，美化企业的财务报表。

【所需资料】

1. 有关证明交易真实性的资料。卖断给银行的电子银行承兑汇票，客户需要提供电子银行承兑汇票所对应的商品交易合同、增值税发票资料，同时需要提供新签发电子银行承兑汇票所对应商品交易合同资料。

2. 低风险授信所需常规资料包括营业执照、人民银行征信等一般资料。

【营销建议】

票源丰富的特大型集团企业，如××钢铁集团、××油田集团、北京××汽车有限公司等客户，这类客户单纯营销贴现或承兑业务效果不好，这类客户非常强势，要求的贴现利率极低，承兑业务也基本不会给银行任何的保证金，最好的营销方式是提供票据理财业务，锁定这些客户庞大的票据资源。

【案例】

××电器有限公司电子银行承兑汇票双买断业务案例

一、企业基本概况

××电器有限公司注册资本为 3000 万元，年销售规模达 15 亿元，为国内特大型家电企业，每年收到大量电子银行承兑汇票。公司对下游家电经销商处于强势地位，因此多收到短期限电子银行承兑汇票。该公司对上游同样处于强势地位，可以支付一些长期限电子银行承兑汇票。

二、银行切入点分析

××银行了解到，××电器有限公司对每年收到的 3 亿元短电子银行承兑汇票，该公司希望银行能够提供一种票据增值服务方案。

该银行发现其中的商机，立即给××电器有限公司票据双买断。考虑到××电器有限公司票据量极大，这种操作模式可以大幅沉淀存款。

三、银行合作情况

银行提供如下服务：

1. ××电器有限公司提供 3 亿元电子银行承兑汇票，期限为 3 个月，交付给××银行，该银行提供双买断业务。

2. 银行确定 6 个月的电子银行承兑汇票作为支付对价。

3. 银行与××电器有限公司签订电子银行承兑汇票双买断协议及银行承兑协议。银行为客户办理期限 6 个月、金额 3 亿元的电子银行承兑汇票。

4. 银行同时支付票据价差，价差为 3 亿元电子银行承兑汇票按照 3 个月定期存款的利息计算。

【文本一】

银行票据买断业务申请书

致：银行＿＿＿＿＿＿分（支）行：

根据贵行关于票据买断业务的有关规定，我司兹提交下述应收电子银行承兑汇票向贵行申请票据买断，相关汇票业务细节如下：

单位：元

汇票号码	汇票金额（大写）	出票日期	到期日期	承兑银行

申请买断金额合计：RMB _____；大写人民币_____。

我司兹承诺并保证如下：

1. 我司通过合法渠道取得该票据，与直接前手间具有真实的贸易背景并付出了合理对价。

2. 我司保证该汇票不存在任何权利上的瑕疵。

3. 贵行在处理该业务过程中产生的一切合理费用均由我司承担。

4. 此项票据买断业务之申请是根据我司与贵行签署之银行票据买断业务合同（见附件）（编号为：_____）开立，并构成该协议的有效组成部分。我公司将依照该协议之规定履行有关义务。

5. 在应收电子银行承兑汇票买断后，如由于基础交易存在欺诈，或者付款人拒绝付款事由符合相关法律法规的规定，我司保证向贵行返还相当于汇票面值的款项，并赔偿由此而产生的一切损失，包括但不限于利息损失（按照银行规定的同期人民币贷款利率计算的从到期日到银行收到该款项日期间的利息）、邮电费、律师费及其他费用。

我司若违反以上承诺，则贵行对我司的买断具有追索权，并有权直接扣划我司在贵行及贵行系统内开立的任何账户中的款项以归还贵行提供的融资。

单位名称（公章）

有权签字人签字：

年　月　日

【文本二】

合同编号：

银行票据买断业务合同

买断申请人：　　　　　　　　（以下简称甲方）

住所：　　　　　　　　　　邮政编码：

法定代表人：　　　　　　　　联系人：

电话：　　　　　　　　　　传真：

买断人：　　　　　　　　　　（以下简称乙方）

住所：　　　　　　　　　　邮政编码：

法定代表人：　　　　　　　　联系人：

电话：　　　　　　　　　　传真：

甲乙双方本着平等互利的原则，经友好协商，签署本合同。

第一章　票据买断业务的规定

第一条　票据买断是指根据《中华人民共和国民法典》《中华人民共和国票据法》及中国人民银行、中国银行保险监督管理委员会有关规定，乙方应甲方的申请，以甲方签发并由乙方承兑的应付电子银行承兑汇票及部分现金（如本协议项下明确约定）作为支付对价，无追索权地买入甲方持有的应收电子银行承兑汇票的业务。

应收电子银行承兑汇票是指甲方合法持有的、未到期的电子银行承兑汇票。

应付电子银行承兑汇票是指甲方签发（即甲方作为汇票的付款人）并由乙方承兑的电子银行承兑汇票。

当应付电子银行承兑汇票金额低于应收电子银行承兑汇票时，对差额部分，在扣除融资利息后，银行支付余款。

第二条　票据买断的价款支付：

价款支付——以甲方签发并由乙方承兑的应付电子银行承兑汇票及部分现金（如本协议项下明确约定）作为买断甲方持有的应收电子银行承兑汇票的支付对价。应付电子银行承兑汇票到期后，甲方无须向乙方交存票款，乙方通过托收应收电子银行承兑汇票获得的款项用于支付应付电子银行承兑汇票，即在保证应收电子银行承兑汇票款项能够托收回来的情况下，应付电子银行承兑汇票的付款责任由乙方承担。

第二章　票据买断业务的操作

第三条　乙方将根据应收电子银行承兑汇票的查复确认结果决定是否买断票据。

第四条　票据买断当日，甲方应将下述文件及资料交付给乙方：

（1）银行票据买断业务申请书；

（2）关于确认业务签字效力的授权书及签字样本；

（3）应收电子银行承兑汇票相关的购销合同；

（4）应收电子银行承兑汇票相关增值税发票；

（5）乙方要求甲方提供的其他资料；

（6）申请买断的应收电子银行承兑汇票。

第五条　乙方在买断甲方应收电子银行承兑汇票金额内，承诺承兑经甲方签发的电子银行承兑汇票。甲方应提交申请材料如下：

（1）开立电子银行承兑汇票申请书；

（2）关于确认业务签字效力的授权书及签字样本；

（3）购销合同；

（4）乙方要求甲方提供的其他资料。

以上电子银行承兑汇票，乙方将按照票面金额的万分之_____（大写）收取承兑手续费，在承兑时一次性收取。

第六条　甲乙双方同意，乙方具体买断应收电子银行承兑汇票的金额、明细以及支付的应付电子银行承兑汇票金额、明细及支付的现金以经双方签章确认的本合同附件——银行票据业务买断确认书为准。

第三章　保证与承诺

第七条　甲方的保证与承诺：

1. 向乙方申请买断的应收电子银行承兑汇票，向乙方提交的增值税专用发票、商品交易合同或商品发运单据以及其他材料是真实的。

2. 甲方承诺申请买断的应收电子银行承兑汇票是由甲方合法拥有，具有真实、合法的商品交易背景。

3. 甲方在任何情况下均确认：在应收电子银行承兑汇票项下，甲方与出票人之间存在的任何纠纷；在应付电子银行承兑汇票项下，甲方与收款人之间存在的任何纠纷，不构成其拒绝履行本合同项下债务的理由。

4. 甲方承诺申请买断的应收电子银行承兑汇票不存在任何缺陷或瑕疵。

5. 向乙方提交未到期的应收电子银行承兑汇票、申请人与出票人或其直接前手之间与该电子银行承兑汇票有关的增值税专用发票、商品交易合同或商品发运单据，并根据乙方要求提交甲方企业设立情况、资信、财务状况等资料。

6. 乙方明确表示准备买入应收电子银行承兑汇票后，甲方应完成票据转让背书，甲方背书时不得附加任何条件。

7. 甲方负责所申请买断的应收电子银行承兑汇票背书的连续性和其前手背书的真实性。

8. 被买断应收电子银行承兑汇票不会出现虚假、瑕疵、非法或其他票据问题而导致无法托收或不能托收的情形。

9. 甲方承诺承担因被买断应收电子银行承兑汇票到期托收不能而给乙方造成的一切损失。

如甲方违反以上保证与承诺，甲方必须在三个工作日内向乙方返还已获得的支付对价（即立即交足应付电子银行承兑汇票金额及返还乙方支付的现金），并赔偿乙方由此而产生的一切损失，包括但不限于利息损失（按照银行规定的同期人民币贷款利率计算的从应收电子银行承兑汇票到期日到银行收到该款项日期间的利息）、邮电费、律师费及其他费用。如甲方未能按要求返还该款项，乙方有权随时从甲方开立在其系统内各机构的账户上扣除上述款项。

第八条 乙方的保证与承诺：

在应收电子银行承兑汇票买断后，应根据甲方的申请及时为其承兑总额度不高于买断应收电子银行承兑汇票额度的应付电子银行承兑汇票。

第四章　违约责任

第九条 本合同生效后，甲、乙双方当事人均应如约履行本合同项下的义务。任何一方不履行或不适当履行本合同项下的义务，或者履行本合同的义务不符合约定，应承担违约责任。

第五章　其他约定

第十条　任何一方对本合同所列的地址、传真号码、法定代表人、联系人作出变更的，应在其所预定的变更之日前五个工作日内，将其预定的变更通知给对方。否则，对方在得到通知前，已发给变更一方的书件，即使因变更没有到达收件的一方，仍视为送达。

第十一条　本合同生效后，除本合同已有约定的外，甲乙任何一方均不得擅自变更或解除本合同；如确需变更或解除本合同的，应经甲、乙双方协商一致，达成书面合同，并由甲方和乙方各自的法定代表人或授权代理人签字并加盖各自的公章方为有效。

第十二条　在甲方提交应收电子银行承兑汇票后，乙方需查证票据，对于瑕疵票或假票等不符合乙方收票条件的票据，乙方有权退回甲方。

第十三条　甲、乙双方之间发生的关于本合同的一切争议，双方可协商解决。协商不成需诉讼的，由原告所在地的人民法院管辖。

第六章　附　则

第十四条　本合同自甲方和乙方各自的代表人或授权代理人签字并加盖各自的公章之日起（含该日）生效。本合同生效后，甲方或乙方发生合并或分立或改制的，本合同对合并或分立改制后的全体法人或其他组织同时具有约束力。

第十五条　本合同正本一式两份，本合同附件银行票据买断业务确认书正本一式两份，甲方和乙方各执一份，具有同等的法律效力。

甲　　方：　　　　　　　　　　　乙　　方：

法定代表人：　　　　　　　　　　法定代表人：

（或授权代理人）　　　　　　　　（或授权代理人）

签订日期：　　年 月 日　　　　　签订日期：　　年 月 日

【文本三】

编号：_____

银行票据买断业务确认书

致：_____公司：

根据银行与贵公司签订的银行票据买断业务合同（_____号）及银行票据买断业务申请书（_____号），兹通知贵司如下：

一、银行决定买断下列应收电子银行承兑汇票：

单位：元

汇票号码	汇票金额（大写）	出票日期	到期日期	承兑银行

买断金额合计：RMB _____；大写人民币_____。

二、针对以上应收电子银行承兑汇票，银行拟支付如下对价：

1. 承兑由你司签发的下列电子银行承兑汇票：

收款人名称：_____

开户银行：_____

账号：_____

单位：元

汇票号码	汇票金额（大写）	签发日期	到期日期

收款人名称：_____

开户银行：_____

账号：_____

单位：元

汇票号码	汇票金额（大写）	签发日期	到期日期

收款人名称：_____

开户银行：_____

账号：_____

单位：元

汇票号码	汇票金额（大写）	签发日期	到期日期

承兑金额合计：RMB _____；大写人民币_____。

应付电子银行承兑汇票到期后，你司无须向银行交存票款，通过托收应收电子银行承兑汇票获得的款项用于支付应付电子银行承兑汇票，即在保证应收电子银行承兑汇票款项能够托收回来的情况下，应付电子银行承兑汇票的付款责任由银行承担。

如应付电子银行承兑汇票金额低于应收电子银行承兑汇票，对差额部分，在扣除融资利息后，银行支付余款。

2. 支付价差：_____万元人民币，在应付电子银行承兑汇票解付完毕后支付。

三、本确认书为前述银行票据买断业务合同不可分割之部分。你司及银行均须按照银行票据买断业务合同的规定，履行相应的义务。

银行　　　分（支）行　　　_____公司

　年　月　日　　　　　　　　年　月　日

【业务十】电子商票变电子银票（短变长）

> 电子商业承兑汇票直接贴现应当是万不得已的选择，最好的方式是电子商业承兑汇票质押改造成电子银行承兑汇票，需要资金的时候，办理电子银行承兑汇票贴现，这样可以为客户大量节省财务费用。

【产品定义】

电子商票变电子银票（短变长）是指银行根据持票人的需要，协助持票人转换票据的性质，将持票人收到的短电子商业承兑汇票采取质押方式置换成长电子银行承兑汇票，满足持票人支付结算需要的一种票据业务形式。

该产品的商业逻辑在于电子商业承兑汇票和电子银行承兑汇票是两个圈层的产品。电子商业承兑汇票的流通范围比较窄，一旦将电子商业承兑汇票置换为电子银行承兑汇票，流通程度会大幅提升。银行在帮助企业转换票据属性后获得风险收益。

【适用客户】

适用客户为收到大额票据而支付多家客户的企业，如医药经销商（上游为大型药厂，下游为大型医院）、小家电经销商（上游为大型家电厂商，下游为大型商场）等。该类客户往往属于弱势类型的客户，上下游都是大客户，而自己处于弱势。

该类客户的上游客户（买家）相对较为强势，支付商业承兑汇票；而该类客户的下游客户（卖家）同样较为强势，同时对买家付款能力存在疑虑，为防止出现收款风险，一定要收取电子银行承兑汇票甚至现款，银行帮助客户改造票据的性质。

【业务流程图】

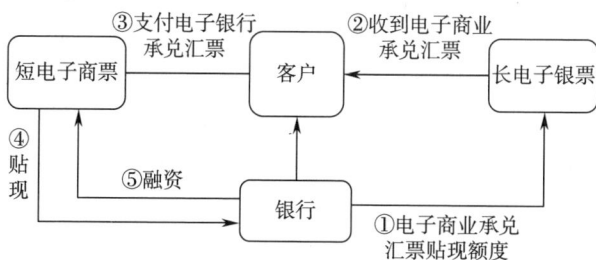

图9　电子商票变电子银票（短变长）业务流程

【操作规则】

为了提高持票人的综合贡献度，银行要求持票人提供一定比例的额外保证金，银行开出电子商业承兑汇票票面金额＋额外保证金之和金额的电子银行承兑汇票。

比如，持票人收到1000万元的电子商业承兑汇票，银行要求持票人额外提供500万元的资金，银行为其办理1500万元的电子银行承兑汇票。

【产品优势】

一、银行优势

1. 银行获得可观的保证金存款收益，银行提供短电子商业承兑汇票转换为长电子银行承兑汇票业务，可以获得与票面金额同等的存款。例如，1000万元3个月的电子商业承兑汇票置换为1000万元6个月的电子银行承兑汇票，可以获得3个月1000万元的存款。

2. 银行获得可观的电子银行承兑汇票中间业务手续费收入。

3. 通过对票据适度改造，银行可以借助电子银行承兑汇票关联营销下游客户。传统做法是直接将电子商业承兑汇票贴现掉，银行丧失了利用票据拓展持票人上游客户的机会。

二、客户优势

1. 相对直接将电子商业承兑汇票贴现，持票人通过电子商业承兑汇票质押转换成电子银行承兑汇票，可以大幅降低财务费用。电子商业承兑汇票的贴现成本非常高，万不得已不要选择这种融资方式。而电子商业承兑汇票置换为电子银行承兑汇票成本极低。

2. 通过改造电子商业承兑汇票的属性，票据流通性极大增强。收款人在收到商业承兑汇票后，往往非常为难，不接受吧，下次收款遥遥无期，收商业承兑汇票吧，贴现困难，贴现成本极高。电子商业承兑汇票很难背书转让，而改造为电子银行承兑汇票后，可以畅通无阻地流通。

【营销建议】

1. 电子商业承兑汇票直接贴现应当是万不得已的选择，最好的方式是电子商业承兑汇票质押改造成电子银行承兑汇票，需要资金时，办理电子银行承兑汇票贴现，充分利用电子银行承兑汇票贴现利率远远低于电子商业承兑汇票贴现利率低的优势，大幅降低票据贴现的融资成本。

2. 该业务最好和电子商业承兑汇票保贴业务捆绑销售，尤其是与持票人电子商业承兑汇票保贴业务捆绑，持票人拿到电子商业承兑汇票后，银行立即为其办理电子商业承兑汇票质押签发电子银行承兑汇票，最好再将这笔新签发的电子银行承兑汇票封闭索回办理贴现。银行借助电子商业承兑汇票持票人，关联营销其更多的上游客户。

【案例】

北京××医药销售有限公司电子商票变电子银票（短变长）案例

一、企业基本概况

北京××医药销售有限公司注册资本为800万元，年销售规模达16亿元，为北京本地的大型医药经销商，公司下游企业：各大医院，销售结算模式主要是电子商业承兑汇票，通常金额较大。公司上游企业：各大药厂，相对较为强势，通常只接受电子银行承兑汇票提货，但是对电子银行承兑汇票期限并不在意。

二、银行切入点分析

××银行了解到，北京××医药销售有限公司票据业务量极大，银行必须争夺该客户的票据资源。由于其下游客户非常强势，通常需要首先给予3个月的账期，然后医院支付现款；××银行参与商务谈判，建议可以给予账期2个月，要求医院提供2个月电子商业承兑汇票。银行提供电子商业承兑汇票置换电子银行承兑汇票业务，将2个月的电子商业承兑汇票置换为6个月电子银行承兑汇票。

三、银行合作情况

××银行提供如下服务：

1. 北京××医药销售有限公司收到1笔电子商业承兑汇票，期限为6个月，金额为1000万元，交付给××银行。

2. 银行确定提供电子商业承兑汇票置换电子银行承兑汇票业务。

3. 银行与北京××医药销售有限公司签订商业承兑汇票质押协议及银行承兑协议。北京××医药销售有限公司向××药厂支付货款，电子银行承兑汇票金额为1000万元，期限为6个月。

4. 6个月后，电子商业承兑汇票到期托收回来的资金存为3个月定期存款，等待电子银行承兑汇票兑付。

> 电子商业承兑汇票市场潜力巨大，对于银行而言，价值极高。将电子商业承兑汇票置换为电子银行承兑汇票，然后操作贴现，可以大幅降低企业的融资成本。大部分银行对电子商业承兑汇票的操作不熟悉，一家银行如果尽快熟悉该项业务的操作要点，会占领整个市场。

【业务十一】电子商票变电子银票（长变短）

相比较直接将电子商业承兑汇票贴现，长电子商业承兑汇票变短电子银行承兑汇票业务可以大幅降低客户财务费用。通过改造电子商业承兑汇票的属性，票据流通性极大增强，同时流通费用大幅降低。

【产品定义】

电子商票变电子银票（长变短）是指银行根据持票人的需要，协助持票人变换票据的性质，将持票人收到的长电子商业承兑汇票采取质押方式置换成短电子银行承兑汇票，满足持票人支付结算需要的一种票据业务形式。

【适用客户】

适用客户为收到大额票据而支付较为零碎的多家客户。该类客户的买家相对较为强势，支付电子商业承兑汇票；而该类客户的卖家同样较为强势，一定要收取电子银行承兑汇票甚至现款，同时对收取票据的期限较为苛刻，提供不同的价格折扣，银行帮助客户改造票据的性质。

有时，该类客户需要和买方付息票据捆绑操作，为客户节省一定的财务费用（电子银行承兑汇票贴现利息远低于电子商业承兑汇票）。

【业务流程图】

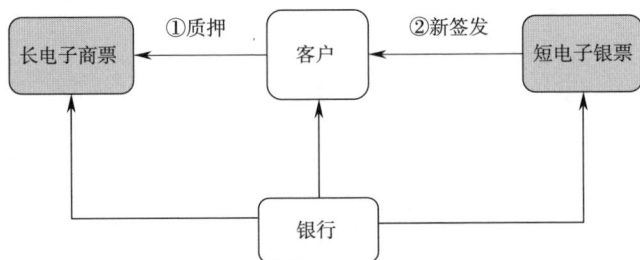

图 10　电子商票变电子银票（长变短）业务流程

【操作规则】

表9　电子商票变电子银票（长变短）操作规则

转换结构	备用配套工具
电子商业承兑汇票变电子银行承兑汇票	长变短，需要配套至少20%存款；有时，需要配套持票人付息贴现

【产品优势】

一、银行优势

1. 银行可以获得可观的保证金存款收益。通常操作长电子商业承兑汇票置换为短电子银行承兑汇票，银行都会要求客户配比一定金额的定期存单，银行可以获得可观的保证金存款。单纯提供同等面额的长电子商业承兑汇票换为短电子银行承兑汇票，银行收益很薄。

2. 银行可以获得可观的电子银行承兑汇票中间业务手续费收入。因为银行帮助企业节省了电子商业承兑汇票贴现的财务费用，因此，可以要求企业配比一定比例的存款。

二、客户优势

1. 客户持有的电子商业承兑汇票转换为电子银行承兑汇票，票据的流通性极大增强。

2. 由于已经将票据改短，同时改变票据属性，相对直接将电子商业承兑汇票贴现，客户可以大幅降低财务费用。通过改造电子商业承兑汇票的属性，流通费用大幅降低。

因为电子商业承兑汇票贴现利率比照流动资金贷款，如果收票人将电子商业承兑汇票直接贴现，成本就极高。

【风险控制】

由于两张票据期限不同，价值不同，银行必须充分考虑其中的票据价差。

价差计算规则，如6个月1000万元的长电子商业承兑汇票换成1个月短电子银行承兑汇票，价差 = 1000 × 贴现利率/360 × 150。

贴现利率为银行在未来5个月内任意时点，由于贴现利率变化较快，银行可能需要承担贴现利率风险。

采取两种方式控制风险：

1. 补足贴息。银行计算两张票据直接的价差，客户将长变短两张票据之间的价差（息差），以银行存款方式存在银行办理质押。有时，还需要考虑价差存款本身在银行还有定期存款利息，将这部分利息也要考虑进去，客户可能存入的息差还要少些。

2. 扣除贴息。银行计算两张票据直接的价差，在办理质押时，直接在新签发的电子银行承兑汇票金额中扣除。

【案例】

上海××金属材料销售有限公司电子商票变电子银票（长变短）案例

一、企业基本概况

上海××金属材料销售有限公司注册资本为3000万元，年销售规模达26亿元，为上海本地的大型钢铁、生铁、焦炭经销商，公司从上海××钢铁集团购买成品钢材，销售给各大建筑公司。

上海××金属材料销售有限公司盈利模式：强大资金运作能力，强调高效运作资金，沟通买卖双方。各大建筑公司需要上海××金属材料销售有限公司提供一定的账期，同时，需要的钢材量有限，不能从钢厂直接提货；上海××金属材料销售有限公司重视强大的资金运作能力。

二、银行切入点分析

××银行了解到，上海××金属材料销售有限公司是重要的渠道资源，票据业务量极大，银行必须争夺该客户的票据资源。根据该客户的上游客户——上海××钢铁集团为国内特大型钢铁集团，结算必须是现款或自行承担票据贴息；下游客户——各大建筑公司，相对较为强势，要求必须支付电子商业承兑汇票，且期限较长，多为6个月商业承兑汇票。

××银行的设计，将长电子商业承兑汇票改造成短电子银行承兑汇票，同时加入持票人付息票据，最大限度地降低了上海××金属材料销售有限公司的财务费用。银行为获得收益，要求长变短方式的大变小，上海××金属材料销售有限公司按照2:1的比例配套办理存单质押。

三、银行合作情况

××银行提供如下服务：

1. 上海××金属材料销售有限公司收到1笔电子商业承兑汇票，期限为6个月，金额为1000万元。该电子商业承兑汇票承兑人为上海××建工集团公司。

银行提供大变小业务，新电子银行承兑汇票期限为1个月。银行核定，上海××建工集团公司在本行有1000万元电子商业承兑汇票贴现额度。

2. 银行确定提供大票变小票。

3. 银行与上海××金属材料销售有限公司签订商业承兑汇票质押协议及银行承兑协议、定期存款质押协议。上海××金属材料销售有限公司办理票据1张，金额为1500万元（补足650万元存单质押）。

由于质押的1000万元电子商业承兑汇票为6个月期限，而新办理的电子银行承兑汇票为1个月期限，因此，必须考虑价差。

4. 1个月后，电子银行承兑汇票到期，银行扣划上海××金属材料销售有限公司账户资金，银行办理兑付。

【点评】

电子商业承兑汇票是上帝赐给我们银行客户经理最锋利的武器，如果不熟悉电子商业承兑汇票，在营销的时候要吃大亏。尤其是在贷款规模受控的时候，可以大量使用电子商业承兑汇票。

对于中小持票人而言，电子商业承兑汇票的流通性较差，如果单传贴现，则成本太高；如果可以将电子商业承兑汇票转换为电子银行承兑汇票，那么变现成本基本可以为零。

因为，电子银行承兑汇票的流通性极好，可以自由使用。

【业务十二】 短电子银票变保贴长电子商票

> 能操作短电子银行承兑汇票变保贴长电子商业承兑汇票的客户面对的上游客户一定是很弱势的客户，买方通过票据置换操作，只要将票据属性置换一下，就会有存款，但尽量不要直接贴现。

【产品定义】

短电子银票变保贴长电子商票是指以电子银行承兑汇票作为质押，银行为持票人开立保证贴现的电子商业承兑汇票，保证持票人商务交易支付的一种结算融资方式。

该产品的商业逻辑在于部分强势的特大型企业在产业中处于绝对支配地位，无须借助银行信用，利用自身的商业信用就可以完成支付。所以可以将收到电子银行承兑汇票转换为电子商业承兑汇票，截留信用收益。

【适用客户】

适用客户为具备如下特点的商务交易持票人：持票人相对强势，卖方为小型企业，较为弱势，财务费用承担能力较强，对资金非常渴求，如建筑公司支付小型水泥搅拌站、钢铁经销商支付给焦炭乡镇企业。

【业务流程图】

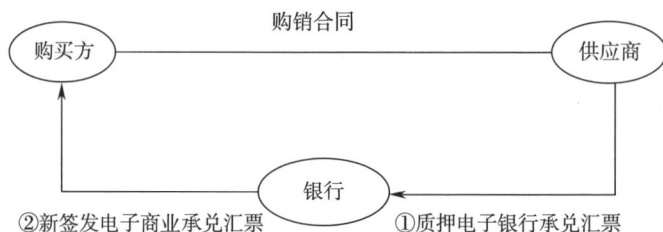

图11　短电子银票变保贴长电子商票业务流程

【产品优势】

通过该运作模式，可以有效地转嫁财务费用。

一、银行优势

1. 通过办理短变长业务，银行可以获得可观的存款。

2. 通过电子商业承兑汇票保贴，银行关联营销上游客户，同时获得可观的贴现利息收入。

二、客户优势

1. 保贴电子商业承兑汇票不反映在电子商业承兑汇票出票人（电子银行承兑汇票持票人）人民银行征信中，有利于其再融资。

2. 避免了在电子银行承兑汇票方式下，需要承担0.05%承兑汇票手续费的弊端。

【所需资料】

1. 短电子银行承兑汇票对应的有关资料包括商品购销合同、劳务承包合同等，要求合同中约定使用票据进行结算。

2. 长电子商业承兑汇票对应的有关资料包括有关的商品购销合同、劳务承包合同等，要求合同中约定使用票据进行结算。

3. 授信所需常规资料：

（1）公司章程和公司组织架构图。

（2）经过年检的营业执照正本原件及复印件。

（3）上年末及近期财务会计报告及审计报告。

（4）出具授权委托书、法人和经办人身份证原件及复印件。

（5）质押合同。

（6）承兑申请书。

（7）承兑协议书。

（8）银行要求的其他有关资料。

【案例】

北京××建筑有限公司短电子银票变保贴长电子商票案例

一、企业基本概况

北京××建筑有限公司注册资本为8000万元，年销售规模达16亿元，为北京本地的大型建筑企业。公司上游客户为上海××钢铁集团、江苏××钢铁集团，购买大型建筑用钢，现款现货，如支付电子银行承兑汇票，需要持票人承担贴息；小型水泥搅拌站，多支付现款，账期多为3个月。公司下游客户为北京××地铁运营有限公司、北京××房地产开发公司等。

二、银行切入点分析

××银行了解到，北京××建筑有限公司是重要的渠道资源，票据业务量极大，银行必须争夺该客户的票据资源。根据该客户上游客户——上海××钢铁集团为国内特大型钢铁集团，结算必须是现款或自行承担票据贴息；小型水泥搅拌站，资金非常紧张，北京××建筑有限公司与其交易结算账期多为2个月，财务费用承担能力较强，但是对资金的时效性要求较高。下游客户——各大建筑公司，相对较为强势，支付多为电子银行承兑汇票，且期限较长，多为6个月。××银行的设计，将北京××建筑有限公司收到的短电子银行承兑汇票改造成保贴长6个月电子商业承兑汇票，支付给小型水泥搅拌站。

三、银行合作情况

××银行提供如下服务：

1. 北京××建筑有限公司收到1笔电子银行承兑汇票，期限为2个月，金额为1000万元，银行提供短电子银行承兑汇票变保贴长电子商业承兑汇票。

2. 银行确定提供短电子银行承兑汇票变保贴长电子商业承兑汇票。

3. 银行与北京××建筑有限公司签订电子银行承兑汇票质押协议及商业承兑汇票保贴协议。北京××建筑有限公司办理商业承兑汇票1张，金额为1000万元，期限为6个月。

4. 收款人收到电子商业承兑汇票后，在银行办理相应的贴现业务，获得资金。

5. 2个月后，电子银行承兑汇票到期，银行办理电子银行承兑汇票的托收，收回1000万元票据款，进入保证金账户，银行为北京××建筑有限公司办理3个月定期存款。

6. 电子商业承兑汇票到期，银行扣划北京××建筑有限公司保证金账户资金，办理商业承兑汇票兑付。

【点评】

大型钢铁公司、大型煤炭公司、大型施工企业经常在销售活动中收到电子银行承兑汇票，这类客户持有的电子银行承兑汇票量极大，可以将这些期限不同的零碎汇票聚集交付银行托管，然后开出等金额的大面额、长期限电子商业承兑汇票，这些大型客户获得一定的理财收益。

如果是上市公司，还可以在关键的半年底、年底的年报关键时间节点，滞留大量现金，美化财务报表。

【业务十三】电子银票＋买方付息

> 银行客户经理应当习惯性对本行签发电子银行承兑汇票捆绑销售买方付息，不需要经过思考，机械性营销即可，几个简单业务连贯起来，就是一个整体金融服务方案。

【产品定义】

电子银票＋买方付息是指在卖方较为强势的商务交易中，银行为买方办理电子银行承兑汇票，买方承担电子银行承兑汇票的贴现利息的一种银行嵌入式综合票据服务模式。

该产品的商业逻辑在于用两个相对稍微复杂的产品，替代一个简单的产品，从而获得复杂操作的额外收益。例如，从天安门到中关村，打车50元，单车倒地铁10元，差价40元就是复杂转换的收益。

【适用客户】

在买卖双方交易结算中，收款人（卖方）为较强势的企业，其经销商处于弱势地位必须承担电子银行承兑汇票贴息。典型的企业如下：

1. 特大型的外商投资企业与其经销商。
2. 特大型钢铁企业集团和经销商。
3. 特大型石化企业和经销商。
4. 汽车经销商向强势的汽车厂商支付汽车合同款。
5. 高速公路公司向道路施工企业支付工程款及材料款。
6. 航空公司向航油公司支付油料款。
7. 火力发电企业向煤炭供应企业支付煤炭合同款。
8. 报业集团向造纸公司支付购买纸的款项。
9. 机关事业单位、国资委监管的中央企业。

【业务流程图】

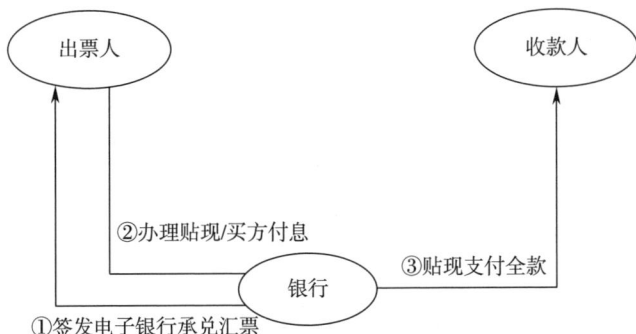

图 12 电子银票 + 买方付息业务流程

【业务流程】

1. 买方与卖方签订交易合同，约定结算方式为电子银行承兑汇票，利息由买方承担，卖方并委托买方办理票据贴现。

2. 银行签订电子银行承兑汇票协议，买方签发买方付息承诺函，并向银行提供交易合同、增值税发票。

3. 买方在银行签发电子银行承兑汇票，同步在银行办理票据的贴现手续，并支付相应的贴现利息。

4. 银行将电子银行承兑汇票票面全款金额划付进入卖方账户，通知卖方查收。

5. 卖方收到电子银行承兑汇票全款后，办理发货。

【产品优势】

一、银行优势

1. 存款收益。银行可以获得电子银行承兑汇票对应的一定金额的保证金存款，通常不低于30%。

2. 贴现利息收益。银行封闭索回票据，可以获得电子银行承兑汇票贴现利息收益。

3. 电子银行承兑汇票手续费收入。银行可以获得5‰的手续费，该收入属于中间业务收入，对银行价值较大。

4. 银行可以借助出票人关联营销其中多的供应商，很容易营销到众多的客户资源。

二、客户优势

相对于贷款融资，买方可以大幅降低财务费用，而在商务结算支付货款的效果等同于付现款。

卖方合同规定可以收取电子银行承兑汇票，但是必须买方承担贴现利息。

【营销建议】

1. 银行应当习惯性地对本行签发电子银行承兑汇票的买方营销电子银行承兑汇票＋买方付息，便利买家最大限度地降低财务费用。

银行可以有效实现关联营销，获得包括存款、贴现、中间业务等众多收益。一个基本原则，本行签发的电子银行承兑汇票争取尽可能全部办理成买方付息贴现的操作模式。

2. 为刺激客户尽可能捆绑销售电子银行承兑汇票＋买方付息这款产品，银行可以提供一些优惠，比如办理本行电子银行承兑汇票的买方付息贴现，贴现利率适度下浮，在开票环节降低保证金比例等。

【案例】

北京××钢铁经销有限公司电子银票＋买方付息案例

一、企业基本概况

北京××钢铁经销有限公司注册资本为6000万元，年销售规模达16亿元，为北京本地的大型钢铁物流企业。

公司上游客户为北京××钢铁集团有限公司，该公司较为强势，要求现款和电子银行承兑汇票，北京××钢铁经销有限公司多从银行贷款支付货款。

二、银行切入点分析

××银行了解到，北京××钢铁经销有限公司是重要的渠道资源，票据业务量极大，银行必须争夺该公司的票据资源。由于贷款利率较高，因此，该公司承担的财务费用压力较大。但是考虑到北京××钢铁集团有限公司较为强势，不会承担贴现利息，且嫌票据贴现手续烦琐，该银行设计提供了电子银行承兑汇票+买方付息业务。

三、银行合作情况

××银行提供如下服务：

1. 北京××钢铁经销有限公司向北京××钢铁集团有限公司采购钢材，签订销售合同钢铁销售物资采购合同，合同总价为1000万元。收到1笔电子银行承兑汇票，期限为6个月，金额为1000万元。

2. 银行为北京××钢铁经销有限公司办理电子银行承兑汇票，金额为1000万元，保证金为300万元，期限为6个月，买方付息。

3. 银行与北京××钢铁经销有限公司及北京××钢铁集团有限公司签订电子银行承兑汇票买方付息协议，贴现利率为6%，银行扣划30万元的贴现利息。

4. 6个月后，电子银行承兑汇票到期，银行扣划北京××钢铁经销有限公司账户资金，兑付电子银行承兑汇票。

【点评】

产品的重新排列组合就是创新，单一销售一项金融产品，收益较窄，而且与客户黏性一般。

如果可以将多个产品进行有序排列组合销售，对银行收益就会大幅提升，而且会牢牢捆绑客户。

【业务十四】电子银票（电子商票）+ 买方付息 + 放弃部分追索权贴现

> 由于银行可以组合销售三种融资产品，因此可以组合成套餐方式报价，给予客户一定的让利，如可以适当降低贴现利率。通常不要在电子银行承兑汇票保证金上提供让利。

【产品定义】

电子银票（电子商票）+ 买方付息 + 放弃部分追索权贴现是指针对卖方为较强势的商业地位，针对买方的真实商品交易，银行为买方提供买方付息电子银行承兑汇票（电子商业承兑汇票），银行承诺放弃对卖方的追索权的一种综合票据服务模式。

【适用客户】

1. 大型外资企业、有美化报表需求的企业，该类企业非常强势，在销售环节收到大量的电子银行承兑汇票，要求付款人自行承担贴现利息，同时，在办理贴现时，要求贴现银行放弃对自己的追索权。该类强势企业为了促进销售，只能接受票据付款，但是会提出买方自行承担利息和放弃对其追索权的条件。

例如，苹果手机公司需要支持特大型代理商，接受电子银行承兑汇票的付款条件，但是，由于自身是外资企业，在报表中不能反映为存在应收票据，所以必须办理放弃追索权的票据贴现。

我们接触过很多外资公司，该公司收到大量电子银行承兑汇票，这类电子银行承兑汇票一般都有此类融资需求。

2. 收款人为特大型的外商投资企业或机关事业单位、国资委监管的中央企业。

比如，（1）××机场集团购买土地（收款人为××市土地整理储备中心）、××航空有限公司支付民航机场建设基金、手机经销企业支付给外商投资的手机制造商。

（2）××电网公司因购电向中国××电力有限公司支付电款；××电网公司多使用电子商业承兑汇票支付；××电网公司必须买方付息，同时银行必须放弃对电力公司的追索权。

【业务分析】

一般贴现当事人可追索前手或其他票据当事人，如出票人、收款人等。部分放弃是指可根据合同约定，放弃指定票据当事人的追索权，如直接前手、收款人等，但不会放弃对出票人和承兑人的追索权。因为放弃是不彻底的，所以是部分放弃，并且放弃是有条件的，即贸易背景是真实的，没有欺诈等。

【产品优势】

一、银行优势

1. 银行通过该种复杂的组合融资方案，可以同时销售电子银行承兑汇票，获得承兑手续费收入和保证金存款。

2. 银行销售买方付息票据，获得贴现利息收入，利息由出票人承担。

3. 关联营销买方的上游客户，扩大银行的客户群体。

4. 银行放弃追索权，还可以收取一定的票据风险承担费。

二、企业优势

1. 买方通过使用电子银行承兑汇票（电子商业承兑汇票）+买方付息+放弃部分追索权贴现，融资成本较直接向银行贷款，融资成本大大降低。

2. 对于卖方而言，通过接受票据付款，可以支持买方降低融资成本，降低商务交易结算的成本，同时，因为放弃被追索，可以在报表中不反映应收票据，可以美化报表。如果卖方接受票据付款，在自身的报表中会出现应收票据，影响报表的质量。

3. 电子银行承兑汇票部分放弃追索权转贴现业务可实现企业票据清洁转让，且无须在或有负债科目中表明，等同于回收应收账款，实现财务报表优化。

4. 电子银行承兑汇票部分放弃追索权贴现业务能够盘活企业既有资产项，减少利息支出等相关财务费用，提高资产利用率的同时降低企业融资成本。

5. 电子银行承兑汇票部分放弃追索权贴现业务豁免了企业因贴现票据可能产生的追索权问题，降低企业业务风险。

【营销建议】

通常买方非常强势，买卖双方交易非常稳定，彼此关系较为密切，卖方愿意帮助买方降低财务费用。银行应当主动介入买卖双方的交易结算，尝试提供支付解决方案，尽可能降低双方的交易结算成本，通过降低双方的交易成本，银行获利。

买方获得贷款去实现交易结算的支付成本，这种交易成本非常高。而通过使用票据将极大降低买卖双方的交易成本，但是票据最大劣势在于给卖方带来了很多困扰，例如，报表中有应收票据，影响报表质量；应收票据可能被追索；贴现票据需要承担利息；贴现需要提供合同发票等烦琐手续。

【案例】

青岛××通信经销有限公司电子银行承兑汇票 + 买方付息 + 放弃部分追索权贴现案例

一、企业基本概况

青岛××通信经销有限公司注册资本为 3000 万元，年销售规模达 36 亿元，为山东省内的大型通信设备物流企业。公司上游客户：青岛××××有限公司为中外合资的大型手机制造商，注册资本高达 18 亿元，年销售额超过 60 亿元，实力非常强劲。青岛××通信经销有限公司与青岛××××有限公司结算模式，是现款现货，如果是电子银行承兑汇票，则由青岛××通信经销有限公司承担贴息。

二、银行切入点分析

××银行了解到，青岛××通信经销有限公司是重要的渠道资源，票据业务量极大，银行必须争夺该客户的票据资源。以往，青岛××通信经销有限公司都是支付票据给青岛××××有限公司，由青岛××通信经销有限公司承担贴现利息。

三、银行合作情况

××银行提供如下服务：

1. 银行参与青岛××通信经销有限公司与青岛×××有限公司的商务谈判，约定采用买方付息电子银行承兑汇票方式支付。

2. 青岛××通信经销有限公司提供其与青岛×××有限公司签订的通信设备销售合同，银行办理1000万元的电子银行承兑汇票。

3. 银行与青岛××通信经销有限公司签订买方付息票据协议，银行办理1000万元的电子银行承兑汇票贴现，银行从青岛××通信经销有限公司账户扣除贴现利息30万元，并扣收1万元放弃追索权的风险承担费用。

4. 银行将1000万元贴现后款项，划付给青岛×××有限公司。

【点评】

一些外资企业提出的合作条件往往非常苛刻，标准化的产品对方一般不会使用，要么改造现有产品，要么利率降到"地板"，对于外资企业提出的要求，不能简单地拒绝。应当动脑筋，对现有产品改造，既能满足客户的要求，同时又能满足制度的规定，这需要高超的智慧，熟练的业务技能。对客户经理的综合素质要求较高，与外资企业合作的两年，是我成长最快的两年，一个总结，最难"伺候"的客户，它会给你最快的成长。

对于一些极为强势的收款人，在收到电子银行承兑汇票或商业承兑汇票时，都会非常头疼，不收票据吧，今后到底什么时候回款也是未知数；收票据吧，由于存在被追索的可能，会计入账不接受。

电子银行承兑汇票（商业承兑汇票）+代理贴现+买方付息+放弃部分追索权贴现就是四合一的产品，既能保证买方的付款需要，同时，卖方的心理顾虑又可以打消。

【业务十五】电子票据信托（资产管理）计划（"多对一"或"一对一"）

> 票据信托计划是银行发行的最重要的低风险理财产品，有较好的市场，可以营销众多对公及对私理财客户。

【产品定义】

电子票据信托（资产管理）计划是指银行通过与信托公司（资产管理公司）合作发行信托（资产管理）计划，引入特定投资者资金，买入持票人持有的票据，为持票人解决流动资金需要及释放信贷规模的一种特定融资模式。

该产品的商业逻辑在于部分电子商业承兑汇票由于贴现较为困难，同时收益较高，在风险可控的情况下，引入外部资金撮合电子商业承兑汇票变现，无疑可以大幅降低银行的风险资产占用，对资金方而言可以获得较高的收益，所以这类票据信托计划不太适合银行承兑汇票，适合商业承兑汇票，银行承兑汇票贴现效率要求极高，所以不太适合。

【适用客户】

1. 银行应当有大量票据资源的客户，该业务最大价值在于快。因此，募集资金的规模不宜过大。

2. 银行应当建立充足的票源客户储备，有相当量闲置资金的投资理财类客户储备。

【业务流程图】

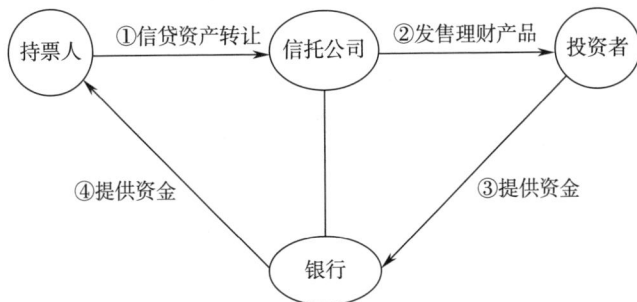

图 13　电子票据信托（资产管理）计划（"多对一"或"一对一"）业务流程

【操作模式】

1. 模式一，存量票据信托计划（资产管理计划）。

银行与信托公司合作成立一个特定的集合资金信托计划（资产管理计划），银行作为委托方和受益人，将已经贴现的电子银行承兑汇票票据资产所对应的权利，以约定的利率转让给特定的信托计划（资产管理计划），信托公司作为受托人负责理财计划的设计和管理，以该信托计划（资产管理计划）为依托，银行向投资者发行理财产品，将募集到的资金专项用于投资该信托计划。

通过该业务操作，银行可以获得一定的中间业务收入。

2. 模式二，增量票据信托计划。

银行通过与信托公司合作发行信托计划（资产管理计划），引入特定投资者资金，买入持票人持有的票据，为持票人解决流动资金需要的一种特定融资模式。

该业务操作的作用在于为客户解决资金融通，维护一批理财客户。

【基本要点】

1. 法律规定。根据《信托公司集合资金信托计划管理办法》的规定，对信托计划（资产管理计划）对应的票据不按照一般票据转让的要求办理票据背书后由信托公司支配，而由银行作为该信托计划（资产管理计划）中票据资产的托管人进行管理。在实际操作过程中，由信托公司通过签署

《票据资产委托管理合同》的方式将票据资产委托发售银行管理。如果信托计划对应的票据因承兑银行自身，或者票据权利存在瑕疵，或者因不可抗力，导致票据被拒付，受托人不能直接向承兑行行使付款请求权，也不能向包括发售银行在内的票据前手直接进行追索，而只能由发售银行作为该信托计划所对应票据的名义持有人代受托人向票据承兑行行使付款请求权及向发售银行的前手依法追索。

2. 票据资产。国有商业银行或者全国性股份制商业电子银行承兑汇票，这类票据资产具有较好的市场认可度，保证了票据信托计划的成功发行。

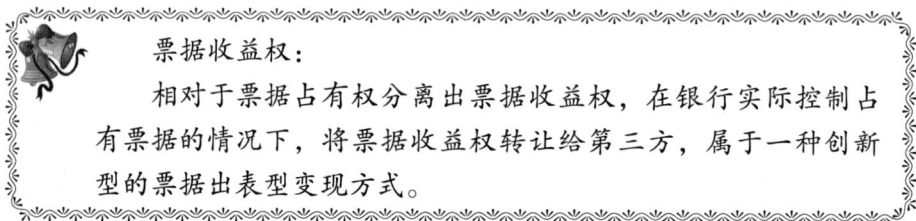

> **票据收益权：**
> 相对于票据占有权分离出票据收益权，在银行实际控制占有票据的情况下，将票据收益权转让给第三方，属于一种创新型的票据出表型变现方式。

【产品报价】

信托计划（资产管理计划）的收益在扣除银行手续费、托管费和信托公司手续费后，票据信托计划（资产管理计划）理财产品的投资者获得相对应的理财收益。

公式：客户最高年化收益率 = 理财产品投资收益率 −（信托管理费 + 信托保管费）−（销售费用 + 托管费用）。

信托公司收费：0.1% ~ 0.3%，金额越大，信托公司的代理收费越低。

银行代理收费：0.3% ~ 0.5%。

【操作规则】

针对特定的资金大户，银行可以定向发行一对一的票据信托计划，从中撮合成交。信托计划的期限一定要超过票据期限 1 个月左右，越长越好，但是会摊薄信托收益率。因此，测试信托投资人的极限很重要。

【产品优势】

1. 操作简单。票据资产转售无须征得承兑人的同意，简化打包出售过程。与贷款信托理财不同，票据理财产品的基础性资产票据由于具有法定的要式性和可转让性，形成信托集合信托出售时，无须与债务人（承兑银行）商洽即可打包出售。

2. 无须信用增级。电子银行承兑汇票本身就是银行的信用，无须对信托计划进行增级。对资产出售银行而言，由于承兑银行已经对持票人作出了到期支付的承诺，其中已经包含票据理财产品的本金和收益，所以此类产品为资本节约型产品，无须耗用银行经济资本，具备了保证收益的特点。

3. 节约银行信贷规模。可以节约银行的贷款规模或缓解资金缺口，可以开拓新客户和资产业务，可以获得代理费、手续费与资产托管等中间业务收入。

银行在不动用自身头寸及贷款规模的情况下，解决了持票人的融资问题，同时，发行了理财产品，可以维护一批理财客户。

【营销建议】

票据信托计划（资管计划）可以一石二鸟，既可以作为理财产品，为银行营销一些有较大资金闲置的客户提供产品；同时又可以作为融资工具，为持有票据的客户提供融资工具。

银行营销应当避免单一目标的思路，应当眼界放得很开、很远，银行产品应当可以实现多重营销的目的。

1. 银行代理信托计划投资人办理托收。

2. 银行应当积累有一定量的票据客户及资金闲置大户，随时配套搭桥。

3. 在银行贴现规模受到控制，或贴现利率高企的时候，引入银行体系外资金。

【案例】

北京××银行票据信托计划（资产管理计划）案例

一、企业基本概况

北京××银行在北京拓展较多大型钢铁经销商，这些钢铁经销商普遍票据量较大，资金需求迫切。北京××银行目标每月从这些钢铁经销商获得20亿元的票据资源。最近，贴现规模紧张，贴现利率急剧攀升，北京××银行没有规模买入这些票据。

北京××银行对公理财业务较为出色，积累了大量的客户资源。

二、银行切入点分析

北京××银行分析认为，钢铁经销商资金需求旺盛，在各家银行不断寻求融资渠道，一旦本行贴现停止，其他银行定会乘虚而入，将来再次开发这些钢铁经销商将非常困难。因此，××银行设计提供票据信托计划。

三、银行合作情况

××银行提供如下服务：

1. 北京××银行营销本地的几家特大型钢铁经销商，商议票据信托计划（资产管理计划），筹集约为5亿元的票源，票据期限都为6个月。

2. 北京××银行发行信托计划（资产管理计划）5亿元，期限为8个月，向特定的几家机构客户发行。

3. 几家特大型钢铁经销商将5亿元电子银行承兑汇票转让给银行，同时委托人与信托公司签订资金信托协议，钢铁经销商与信托公司签订信托协议。

4. 委托人提供委托资金，由银行贷款给钢铁经销商。经销商与银行办理5亿元电子银行承兑汇票的质押手续。

5. 6个月后，电子银行承兑汇票到期，银行将5亿元电子银行承兑汇票办理托收，收回5亿元资金，存入钢铁经销商在银行的保证金账户。

6. 8个月后，银行扣划5亿元资金给委托人。

【文本】

<h1 style="text-align:center">电子票据资产受让项目资金信托合同</h1>

委托人：

法定代表人：

身份证号码：

联系地址：

联系人：

联系电话：

邮编：

受托人：

法定代表人：　　　　　　职务：

住所地：

托管银行：

负责人：　　　　　　　　职务：

住所地：

根据《中华人民共和国信托法》《信托投资公司管理办法》《信托投资公司资金信托管理暂行办法》及其他法律法规的规定，双方遵循平等、自愿、互利和诚实信用原则，为明确各自的权利和义务，在充分协调的基础上，就设立信托事宜达成一致，特订立本信托合同，以资信守。

第一条　释义

在本合同中，除非上下文另有解释，下列词语具有以下含义：

1. 信托是指委托人基于对受托人的信任，将其财产权委托给受托人，由受托人按委托人的意愿以自己的名义，为受益人的利益或者特定目的，进行管理或处分的行为。

2. 本合同是指委托人与受托人签订的票据资产受让项目资金信托合同及对该合同的任何修订和补充。

3. 本信托是指根据本合同设立的资金信托。

4. 受益人是指委托人在信托合同中指定的享有信托受益权的自然人、

法人或者依法成立的其他组织。

5. 信托资金是指委托人设立本信托时交付给受托人的资金。

6. 信托财产是指（1）受托人因承诺信托而取得的财产；（2）受托人因信托财产的管理、运用、处分或者其他情形而取得的财产；（3）因前述一项或数项财产灭失、毁损或其他事由形成或取得的财产。

7. 信托文件是指本合同、信托计划和信托资金管理、运用风险申明书。

8. 信托财产银行划付账户是指本合同中委托人指定的用于支付受益人信托利益和移交信托财产的银行账户。

9. 工作日是指中华人民共和国规定的金融机构正常营业日。

10. 信托利益是指因受托人管理、运用和处分信托财产产生的收入，在扣除应由信托财产承担的费用后的利益。

11. 信托受益权是指受益人按信托合同的规定对信托财产依法享有的财产权利。

第二条 信托目的

受托人将多个资金信托的信托资金聚集起来，形成具有一定规模和实力的资金组合，由受托人进行集合经营管理，用于受让银行向受托人提供的票据资产，使受益人获得良好的投资回报。

受托人按照委托人的要求，发挥自身的专业理财优势，负责对本合同项下信托资金的情况进行管理、监督、稽核，以信托资金管理、运用所产生的收入，扣除信托财产应承担的费用、税收，作为信托利益的来源，分配给受益人。

第三条 信托受益人

本信托为自益信托，即委托人和受益人是同一人。

第四条 信托类别

本信托为委托人确定管理方式的资金信托。

第五条 信托资金及交付

1. 本合同项下的信托资金金额为人民币＿＿＿＿＿＿＿＿＿＿＿万元整（小写：RMB ＿＿＿＿＿＿＿）。

2. 交付

委托人应在与受托人签订资金信托合同前，将信托资金交付至受托人指定的下述信托专户，逾期视为自动放弃。

开户行：＿＿＿＿＿＿＿银行

户　名：＿＿＿＿＿＿＿信托投资有限公司

账　号：＿＿＿＿＿＿＿

3. 信托资金自到达上述信托专户之日起至本信托计划成立之日期间产生的利息按中国人民银行规定的人民币活期存款利率计算，由受托人在本信托计划终止、分配信托利益时交付给受益人。

第六条　信托生效

在委托人足额交付信托资金，且本信托计划成立的前提下，本信托合同自信托计划成立之日起生效。

第七条　信托期限

本合同项下信托期限为一年，自本信托合同生效之日起计算。

受托人有权在以下可选到期日提前终止，可选到期日设为 2004 年 11 月 1 日或 2005 年 3 月 1 日。

第八条　信托资金的管理方式：

1. 本信托项下的信托财产，由受托人按信托计划的规定，与该信托计划项下的其他信托资金集合管理和运用，将信托资金用于受让银行转让的票据资产。

2. 受托人应当将信托财产与其固有财产分别管理，分别记账；不得将信托财产归入其固有财产或使信托财产成为其固有财产的一部分。

3. 受托人可以根据需要委托银行福州分行代为处理信托事务。

第九条　信托资金的管理、运用和处分

1. 受托人应以自己的名义将信托资金用于受让银行福州分行的票据资产。信托期间，如所受让的票据到期，银行承诺另行提供不低于金额相当的、符合条件的票据转让，用以置换到期的票据，否则其将承担违约责任。信托期限届满，由银行福州分行无条件、一次性回购该部分票据资产，回购的价格为受托人原始受让该部分资产价格的＿＿＿＿＿＿＿。信托期间，银行有权按不低于以下价格的方式提前回购：＿＿＿＿＿＿＿，回购金额为信托计划资金的＿＿＿＿＿＿＿。

2. 受托人委托银行保管受让的票据资产。

3. 受托人应当妥善保存处理信托事务的完整记录，并于信托计划结束

后 10 个工作日内向委托人和受益人报告信托资金的管理、运用及收支情况。

4. 信托利益的支付。

受托人应向本合同项下的信托受益人支付信托利益，具体支付方式详见本合同第十条。

5. 信托终止后，受托人应将信托财产返还给信托受益人，并做出处理信托事务的清算报告，送达信托受益人。

第十条　信托利益及其分配

1. 本信托计划终止后 3 个工作日内，受托人将信托利益以现金形式分配给受益人。

2. 受托人应在信托利益发放期间将信托利益划入受益人指定账户。

受益人应在银行开立账户，并指定该账户为受托人分配信托利益与返还信托财产的账户。

3. 受益人指定账户：

开　户　行：

账号或卡号：

户　　　名：

以上账户在本信托财产最终分配完成之前不得取消。

第十一条　信托财产税费、其他费用的承担及支付

因处理信托事务所支出的费用（以下简称信托费用）按照实际发生额支付。

1. 受托人报酬。

受托人报酬为本合同项下信托资金的年＿＿＿＿＿＿＿（按实际信托存续期限）收取，以信托财产承担。

受托人报酬在本信托计划终止时从信托财产中一次性提取。

2. 受托人因处理信托事务而可能产生的诉讼费用。

第十二条　信托终止、清算与信托财产的归属

1. 本信托生效后，未经受托人同意，委托人和受益人不得变更、解除、撤销或终止信托。

2. 有下列情形之一发生，本合同终止：

（1）福州分行将所转让的票据资产提前回购；

（2）信托期限届满；

（3）信托计划终止；

（4）信托当事人一致同意提前终止信托；

（5）信托目的已经实现或者不能实现；

（6）本合同与信托计划另有规定，或法律、行政法规规定的其他法定事项。

3. 受托人应在信托终止后 10 个工作日内编制信托财产清算报告，并在其营业场所公布或以挂号邮寄的形式报告委托人和受益人。受益人自清算报告公布或挂号邮寄送达之日起 5 日内未提出书面异议的，受托人就信托计划清算报告所列的有关事项解除责任。

4. 本信托终止后，信托财产归属于受益人。信托财产扣除应由信托财产承担的费用后，由受托人以现金形式按照第十条的规定支付给受益人。

第十三条 信托事务报告

受托人在信托终止后的 10 个工作日内，制作信托资金管理报告、信托资金运用及收益情况报告，以邮寄的方式送达委托人和受益人：

在信托合同期限内如发生影响信托业务的重大事项，受托人应当以邮寄方式告知委托人和受益人。

第十四条 信托当事人的权利与义务

（一）委托人的权利、义务

1. 委托人有权按照信托计划和法律法规的规定了解信托财产的基本运作情况，有权要求受托人就信托财产的管理做出相应说明，但委托人行使上述权利应以不影响受托人正常管理和运作信托财产为限。

2. 委托人保证其所交付的信托资金来源合法，是该资金的合法所有人。

3. 保证已就设立信托事项向债权人履行了告知义务，并保证设立信托未损害债权人利益。

4. 在信托存续期间，未经受托人同意，委托人不得变更、撤销、解除或终止本信托。

5. 本信托存续期间，委托人不得取回信托财产。

6. 委托人不得要求受托人通过任何非法方式或管理手段管理信托财产并获取利益，委托人不得通过信托方式达到非法目的。

7. 本合同及法律、行政法规规定的其他权利、义务。

（二）受托人的权利、义务

1. 受托人有权自信托生效之日起，根据本合同的约定管理、运用和处分信托财产。

2. 受托人有权依据本合同的约定取得信托报酬。

3. 受托人应当按照本合同与信托计划的规定，为受益人的最大利益处理信托事务，管理信托财产，必须恪尽职守，履行诚实、信用、谨慎、有效管理的义务。

4. 受托人必须将信托财产与其固有财产分别管理，分别记账。

5. 受托人违反信托目的处分信托财产或者因违背管理职责、处理信托事务不当致使信托财产受到损失的，承担赔偿责任，在未恢复信托财产的原状或者未予赔偿前，不得请求给付信托报酬。

6. 受托人应对委托人、受益人以及处理信托事务的情况和资料依法保密。

7. 受托人应妥善保存处理信托事务的全部资料以备查阅，保存期限自本信托终止之日起 15 年。

8. 受托人除取得本合同规定的报酬外，不得利用信托财产为自己牟取利益。

9. 因过失导致信托财产损失时，承担赔偿责任。

10. 本合同及法律、行政法规规定的其他权利、义务。

（三）受益人的权利、义务

1. 受益人自本信托生效之日起享有信托受益权。

2. 在本信托存续期间，未经受托人同意，受益人不得变更、撤销、解除或终止本信托。

3. 本合同及法律、行政法规规定的其他权利义务。

（四）托管银行的权利、义务

1. 在委托人缴款后，信托计划成立之前，负责安全保管信托资金。

2. 托管银行承诺所转让的票据资产是严格按照其管理程序转让，且票据真实，经办手续完备。

3. 票据资产转让期间，票据资产由托管银行负责保管。

4. 票据资产转让到期，托管银行无条件按约定价格一次性回购票据资产。

第十五条 风险揭示和承担

1. 风险揭示。受托人管理、运用、处分信托财产的过程中，存在法律与政策风险、经营风险、市场风险、利率变动风险、管理风险和其他风险，可能导致信托财产及其收益的损失。

2. 风险承担。受托人根据本合同的规定管理、运用或处分信托财产导致信托财产受到损失的，由信托财产承担；受托人违反信托目的处分信托财产或者因违背管理职责、管理信托事务不当致使信托资金受到损失的，由受托人予以赔偿；不足赔偿的，由信托财产承担。

第十六条 信托受益权的转让

1. 在信托期限内，经委托人书面同意后，受益人可以转让信托受益权。

2. 受益人转让受益权的，应到受托人营业场所办理转让手续，未到受托人营业场所办理转让手续的，不得对抗受托人。

3. 受益人转让受益权的，转让人与受让人应当按照信托资金的1‰分别向受托人缴纳转让手续费。

第十七条 信托的税务处理

受益人与受托人应就各自的所得按照有关法律规定依法纳税。

应当由信托财产承担的税费，按照法律、行政法规及国家有关部门规定办理。

第十八条 新受托人选任方式

受托人依法终止职责时，新受托人由委托人选任。

第十九条 违约责任

1. 委托人或受托人违反本合同所规定的义务，应承担违约责任。

2. 委托人或受托人在本合同项下的陈述、确认与保证不真实或被违背，视为违反本合同，违约方应承担违约责任。

3. 违约方应赔偿因其违约而给守约方造成的全部损失，包括合同履行后可以获得的利益，但不得超过违反合同一方订立合同时可以预见或应当预见的因违反合同可能造成的损失。

第二十条 争议的处理

本合同在履行过程中，如发生任何争执或纠纷，且协商不成的，任何一方均可向受托人所在地人民法院提起诉讼。

第二十一条 通知和送达

1. 通知。委托人、受托人、受益人在本合同填写的联系地址为信托当事人同意的通信地址。

一方通信地址或联络方式发生变化，应自发生变化之日起10个工作日内以书面形式通知另一方。如果在信托期限届满前夕发生变化，应在2个工作日内以书面形式通知另一方。

在信托期限内，受益人变更其信托财产银行划付账户，应以书面形式通知受托人，并持本合同及受益人身份证件到受托人住所地办理信托财产银行划付账户变更确认手续。

上述信息变化，因委托人和受益人未及时通知受托人而导致信托财产的损失，由委托人和受益人自行承担，受托人不承担责任。

2. 送达方式及送达地点。本条规定适用于本合同所有的需传递的通知、文件、资料等。委托人和受益人向受托人的送达均采用直接送达的方式，受托人实际签收之日即视为送达。受托人向委托人和受益人的送达如采用挂号信的方式送达，投寄后第7日视为送达。

第二十二条　其他事项

1. 本合同如有未尽事宜，委托人与受托人可协商后另行书面补充。

2. 申明。各当事人在签署本合同前已仔细阅读了信托文件，对信托文件的全部内容已经阅悉，均无异议，并对当事人之间的信托关系、有关权利、义务和责任条款的法律含义有与受托人一致的理解。

3. 本合同一式三份，受托人、托管银行加盖公章并由法定代表人、负责人或授权人签章，委托人签字后生效，三方各持一份，具有同等法律效力。

（以下为签署页，无合同正文）

委托人：　　　　　　　　　　　受托人：

托管银行：

本合同于　　年　月　日签署。

　　　　资产管理计划属于最有前途的投行类金融产品，票据收益权资产管理计划有效满足了很多有出表融资企业的需要，顺应了这个时代的潮流。

【业务十六】电子票据池

【产品定义】

电子票据池是指银行为客户提供商业汇票管理、托收、融资等一揽子服务，并可以根据客户的需要，随时提供商业汇票的提取、贴现、质押开票等融资保证企业经营需要的一种综合性票据增值服务。

该产品的商业逻辑在于大型企业集团的客户每日的票据收付金额极为巨大，进出都在百亿元以上。该产品可以对票据进行精细化的管理，降低票据的管理风险，实现票据支付的有效对接，同时通过票据的规范管理创造收益。

【业务流程图】

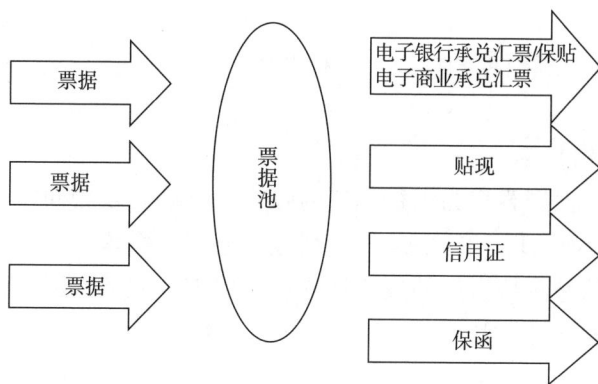

图14　票据池业务流程

【业务流程】

1. 银行向集团客户营销票据池业务，提出业务方案。

2. 集团客户根据自身业务状况，提出具体的业务需求，可以包括单项或综合项目，如票据全部质押、托管等。

3. 银行根据集团客户的需求设计协议文本、操作方案等，并签订票据池相关协议。

4. 集团客户办理票据的交付，银行按照协议约定办理票据保管等。

5. 银行将所有票据进行分类管理，规则如下：

（1）电子商业承兑汇票进行分类管理，按期限分为1个月、1.5个月、2个月、2.5个月、3个月、3.5个月、4个月、4.5个月、5个月等。

（2）电子银行承兑汇票进行分类管理，按期限分为1个月、1.5个月、2个月、2.5个月、3个月、3.5个月、4个月、4.5个月、5个月等。

（3）银行计算客户可以动用的授信资源最高限额，并提示给客户。

6. 在可以动用的授信资源最高限额内，集团客户需要办理对外支付，银行可以随时办理电子银行承兑汇票、信用证、保函。

7. 银行定期将资金理财的收益兑付给集团客户。资金理财的收益可以按1天通知存款、7天通知存款、协定存款、3个月定期存款来计算。

【业务分析】

如果说现金管理是银行管理客户资金的高级状态，那么票据池就是银行管理客户票据资源最高明的手段，客户将其庞大的票据资源"存入"银行，随时可以办理票据的提取、质押及到期的托收等。

【产品价格】

1. 银行将根据客户为银行创造的综合收益确定是否向客户收费及收费金额。如果办理贴现，银行提供较为优惠的贴现利率。

2. 通常都是对特大型的集团客户提供票据池服务，因此，该业务一般不会收取票据顾问费用。

【产品优势】

一、客户优势

1. 客户将票据交给专业的银行来操作，减少自己不必要的工作量，将全部精力集中于主业，专业分工提高各自的效率。

2. 银行按照标准程序入库保管的票据，客户可以放心收票放货，银行服务嵌入企业生产经营，增加客户对银行的依赖。

3. 银行代为管理的票据，客户可以根据需要随时办理提票、贴现、质押开票（贷款）等，便利企业的资金运筹。

4. 银行帮助企业精细化管理票据资源，企业可以最大限度地获得票据的理财增值服务，充分挖掘票据的巨大时间价值。

银行精细化管理入池票据资源，票据托收回来的资金进入池中，存为较多的小额 1 天或 7 天通知存款或 3 个月定期存款，为客户谋取最大的理财效益。如果客户没有需要动用的授信资源，那么银行会将票据池中的资金办理自动滚存。

二、银行优势

1. 银行可以给客户提供票据理财服务，一些特大型的票据大户，通过票据池服务可以锁定客户庞大的票据资源，基本上可以屏蔽竞争对手。票据池是一款非常有威慑力的产品，"倚天既出，谁与争锋"。

2. 可以给银行贡献非常可观的低成本存款，一个成功的特大型钢铁集团客户的票据池服务，通常可以给银行贡献的存款超过亿元。

3. 为银行的多种授信产品的营销提供机会，比如银行保函、信用证、贴现、质押贷款等。

【风险控制】

1. 银行为客户详细记录每个票据信息，建立独立的账册，详细记录票据的状态（如票据离到期日的时间、已经托收完毕的票据数量金额、目前可以使用的票据资源等），便于客户了解该票据的信息，方便银行与客户及时进行核对。

2. 银行可以将票据池中的资金为客户购买一些低风险的理财产品，比如银行理财、债券型基金、大型企业债券等，为客户资金提供理财服务。

【营销建议】

电子票据池适用于票据往来量非常大，暂时没有贴现需求的大型集团客户，如煤炭、钢铁、汽车、石化、电力、物资等重要客户。该产品的营销要点在于可以极大降低大型集团客户的票据业务工作量，科学高效管理集团的所有票据资源。

对于跨区域经营的特大型集团客户，集团客户的各地分公司、子公司可以将收到的票据进行就地托管，即分公司、子公司将票据质押或托管给当地分行，总公司可以使用这些托管票据产生的额度，下属分公司、子公司使用这些票据办理票易票或提取票据，必须得到总公司的许可。可以通过这种方式，帮助集团客户集权管理分公司、子公司的票据。

【点评】

商业汇票综合管理服务对于大型集团客户非常适用，是一项非常有前景的业务，值得各家银行重视。企业将自己的票据业务全部外包给银行，建立票据池，根据自身的需要，随时选择贴现、质押、到期托收等。

【案例】

宾州××钢铁有限公司电子票据池案例

一、企业基本概况

宾州××钢铁有限公司年销售规模达 150 亿元，公司销售结算以票据为主，每年收到大量电子银行承兑汇票。该公司是典型的票据大户，是各家银行追捧的黄金客户。

二、银行切入点分析

××银行了解到，该公司流动资金非常充裕，对票据没有贴现的需求。由于最近市场上克隆票据较多，票据大案频发，公司一直为此事担忧，同时，由于财务人员人手不足，而票据量极大，公司管理明显跟不上。鉴于此，××银行对该客户提出票据外包业务。宾州××钢铁有限公司可以将收到的票据全部直接交给××银行管理。票据保管在××银行，宾州新桂钢铁有限公司可以随时选择贴现、质押开票等，同时，银行提供票据理财服务。

三、银行合作情况

××银行提供如下服务：

完整的票据外包业务，公司收到的电子银行承兑汇票全部交给银行，银行代为管理，并提供服务。

1. 电子银行承兑汇票保管。对查验真实的票据，银行代为保管票据，减少了企业票据被盗抢的风险。

2. 电子银行承兑汇票到期托收。银行定期清点票据、及时安排向承兑行办理到期托收。

3. 融资承诺。银行提供承诺，代为保管的票据企业可以随时提出贴现、质押申请，银行将随时提供授信支持。

4. 理财服务。银行将票据托收回来的资金，存为1天通知存款、7天通知存款、协定存款、3个月定期存款等，为客户提供精细化的理财服务。

【点评】

企业还是应当将主要精力放在主业上，而将涉及结算收款、付款的业务尽可能外包，专业化分工意味着效率。企业可以省去购置银行承兑汇票专用保险柜、安排专门人员的问题，节省财力、人力。电子票据池业务适用于票据量非常大、暂时没有贴现需求的客户，如钢铁、汽车、石化、电力、物资等大型客户。

【文本】

银行电子票据池业务协议

协议编号：

甲方： 　　　　　　　　　（客户）

营业执照号码：

法定代表人/负责人：

住所地：

邮编：

开户金融机构及账号：

电话：

传真：

乙方：××银行股份有限公司

法定代表人/负责人：

住所地：

邮编：　　　　　　　电话：

传真：

第一条　为适应票据市场快速发展的需要，满足企业客户票据一体化管理及融资服务需求，丰富票据托管产品服务内容，促进票据托管业务正常发展，甲乙双方在遵守《中华人民共和国票据法》《支付结算办法》《票据管理实施办法》等国家法律法规及监管规定的前提下，本着平等互利、诚实信用的原则，经协商一致，签订本协议。

第二条　本协议所称票据池业务是指乙方依据甲方的委托，为其提供票据信息、贴现、委托收款、代理票据账务核算并反馈托收资金到账等信息，以及以托管票据部分或整体为质押办理流动资金贷款、开票等其他资产业务的行为。甲方对已托管的票据在办理贴现、质押、委托收款等相关业务时，应优先选择在乙方办理。

第三条　本协议所称票据是指电子银行承兑汇票。甲方保证托管在乙方的票据必须是其未到期、合法取得、享有票据权利的真实有效的票据。

第四条　每笔办理票据池业务的票据托管期是指，从甲方收到乙方同意办理该笔票据托管的票据托管业务申请表回执联起，到出现以下任一情况时止的期间：

1. 客户办理基础业务时提回票据并签收。

2. 客户办理固定票据池业务时提回溢出票据池余额的票据并签收。

3. 客户办理流动票据池业务时调整票据池额度，并提回溢出票据池余额的票据并签收。

4. 客户办理贴现、质押而造成票据权利转移。

5. 受理客户的申请为其托管票据办理委托收款。

6. 其他票据转移或票据权利转移的情形。

第五条 甲方在乙方开立有人民币单位结算账户，现申请通过以下账户办理票据池业务。

账户名称：

账　号：

选择以下业务类别：□基础业务　　□票据池业务　　□增值业务

□固定票据池　　□流动票据池

其中，基础业务指为客户提供票据保管、票据信息、贴现、委托收款、代理票据账务核算并反馈托收资金到账信息等；票据池业务指在基础业务基础上，办理以托管票据部分或整体为质押办理流动资金贷款、开票等其他资产业务；流动票据池指约定票据池中票据额度下限。

第六条 票据池业务办理成功应收取相关费用，收费标准为_____，支付方式为乙方从甲方指定的以下费用账户扣收：

账户名称：

账　号：

票据池业务中涉及的、委托收款等费用另行收取，收费标准按《支付结算办法》及乙方相关规定执行。

第七条 甲方应授权指定专人到乙方办理票据托管、提回、质押等票据池业务，并向乙方留存指定人员的身份证件及号码。乙方应根据甲方留存资料对甲方人员的身份进行核实，并在确认甲方人员身份后予以办理票据池业务。对于经核实甲方人员身份不符的，乙方有权拒绝办理票据池业务。乙方向甲方核实甲方人员身份时，甲方应予以积极配合。

甲方授权人1：

证件类型及号码：

甲方授权人 2：

  证件类型及号码：

第八条 甲方授权办理票据池业务的指定人员发生变更时，应主动提前 5 个工作日书面 3 天通知乙方，经乙方同意后办理变更手续。甲方指定人员发生变化不通知乙方的，所造成的一切后果由甲方承担。

第九条 甲方申请办理票据池业务，须按照乙方要求正确填写票据池业务申请表，加盖预留银行印鉴，并提供有关资料。甲方应保证所填写的票据池申请表和所提供的资料真实、准确、完整。因甲方提供的信息虚假、错误造成的后果由甲方负责。甲方在此确认其在票据池业务托管申请表、票据池业务解除申请表等申请表上加盖的银行预留印鉴与甲方公章具有同等的法律效力。

第十条 乙方应及时处理甲方提交的票据池业务申请，对甲方申请票据池的票据按照《支付结算办法》等有关法律法规、监管规定及乙方制定的规章制度的要求进行形式上的审查，经乙方审验不符合规定的业务申请和票据，乙方有权拒绝甲方的票据池申请。

第十一条 乙方为甲方办理票据池业务应开立专用保证金账户，并按客户设立票据池业务台账。办理基础业务的票据，乙方应记录每个客户每日发生的保管、解除和发出托收的票据金额和笔数。办理增值业务中固定票据池的票据，乙方应每日审核票据到期日，并在票据到期日前十日通知甲方及时补充新的未到期票据并登记票据池业务台账，确保票据池内票据总额不低于固定票据池额度。如甲方不能保证新的票据补充进来，则现有票据到期托收回来的款项直接划入专用保证金账户，甲方暂不能使用，直至固定票据池补足额度；如遇固定票据池额度不足，未补充新的有效票据，且到期票据未及时划回，则乙方有权从甲方结算账户中转入相应金额至保证金账户，如甲方结算账户余额不足，则乙方有权单方终止票据池业务。办理增值业务中流动票据池的票据，双方约定流动票据池金额下限，甲方可根据自身持有票据情况，选择变更流动票据池金额并登记票据池台账，但不得低于乙方与其约定的流动票据池金额下限。

第十二条 甲方办理票据池业务时，所提供的资料信息如有更改，均应及时通知乙方，并按乙方规定的程序办理有关手续，否则由此发生的损失和风险由甲方承担。

第十三条 因以下情况导致甲方的票据池业务申请未成功受理或办理的，乙方不承担责任：

1. 甲方未能按照乙方的有关业务规定提交票据池业务申请。

2. 其他非乙方过错所造成的情况。

第十四条 票据池授信额度管理

1. 甲方办理增值业务并以办理增值业务票据整体为质押。甲方办理增值业务项下表内、表外资产业务必须拥有授信额度。该授信额度的核定标准如下：乙方对票据池中增值业务的电子银行承兑汇票票面金额加总，汇总金额为票据管理额度。票据池授信额度＝票据管理额度×90%；可用额度＝票面管理额度×90%－∑已发生尚未结清业务下的授信本金余额。

2. 甲方使用授信额度办理表内、表外授信业务的申请应在上述授信额度有效期内提交给乙方，否则乙方有权拒绝受理；有效期届满时未被使用的授信额度自动取消。

3. 授信额度为可循环额度。甲方占用的授信额度累计余额（即使用中尚未清偿的额度余额）在授信额度有效期限内任何时间均不得超过票据池授信额度。在授信额度有效期限内，甲方对已完全清偿的授信额度（指已完全清偿与该额度有关的银行全部债权）可再次申请使用。

4. 计算各笔授信业务的授信本金额时，贷款等融资类业务按融资本金额计算，票据承兑、贴现等票据业务按票面金额计算，保函、开立信用证等信用支持类业务按担保金额/开证金额等名义本金金额计算等。上述计算方式不作为确定银行债权数额的准确依据，乙方在各具体业务下的债权仍依照具体业务合同及本协议其他条款的规定确定。

5. 甲方发生首笔占用授信额度的具体业务之后直至甲方全部债权获得清偿之前，应始终保持票据管理额度×90%≥已发生但尚未结清业务下的授信本金余额。若任何原因导致票据管理额度不符合上述要求时，银行应补充质押符合约定条件的票据以提高票据管理额度，使得票据管理额度满足上述要求。

6. 甲方以其保证金账户全部款项向乙方提供质押担保。除乙方行使质押权或/及抵销权扣划保证金账户款项、甲方补齐票据池授信额度票据可解除质押并转出约定金额外，甲方不得支取使用保证金账户内的任何款项也不得在其上设定再质押或任何第三方权益。

第十五条　乙方应妥善保管甲方的票据。在办理票据池业务期内，对于乙方原因造成的票据丢失或损坏，乙方应及时通知甲方采取补救措施（如申请挂失、公示催告等）。因此给甲方造成直接经济损失的（如采取补救措施所发生的费用等），由乙方按照有关的规定予以赔偿，但在可采取补救措施的情况下甲方拒不依法采取补救措施（如申请挂失、公示催告等）的除外。对不在办理票据池业务期内的票据，乙方不承担任何责任。

第十六条　甲方办理实物票据提回等业务需解除原票据池业务申请的，须向乙方提出申请，并提前一个工作日向乙方预约。

第十七条　乙方按甲方要求退还托管票据时，甲乙双方办理签收确认手续，手续完成后，乙方退还的票据项下所有风险、责任及损失由甲方承担，乙方不再承担任何责任。

第十八条　在本协议执行过程中，除依法需要报批和公开的事项外，双方对本协议相关内容负有保密义务。未经对方书面许可，双方均不得以任何方式向第三方泄露有关文档和资料，法律法规另有规定、监管机构另有要求的除外。

第十九条　甲方声明如下：

1. 甲方依法注册并合法存续，具备签订和履行本协议所需的完全民事权利能力和行为能力。

2. 签署和履行本协议系基于甲方的真实意思表示，已经按照其章程或者其他内部管理文件的要求取得合法、有效的授权，且不会违反对甲方有约束力的任何协议、合同和其他法律文件；甲方已经或将会取得签订和履行本协议所需的一切有关批准、许可、备案或者登记。

3. 甲方申请向乙方叙做业务的交易背景真实、合法，未用于洗钱等非法目的。

4. 甲方向乙方提交的业务材料真实、合法、有效。

第二十条　甲方应按乙方银企对账的有关规定及约定进行票据池业务明细对账，甲方在收到乙方提供的票据池业务明细清单的 10 日内将对账的结果反馈给乙方（向乙方提交对账回执），不反馈对账情况的将视同对账无误。

第二十一条　违约责任

（一）甲方因违背本协议所规定的义务对乙方造成损失的，应承担相应的赔偿责任。

（二）因乙方过错给甲方造成损失的，由乙方承担相应的责任。

第二十二条 如协议一方因战争、严重火灾、台风、地震等不可抗力，以致一方不能按照约定履行协议，遭遇不可抗力一方可免除全部或部分责任。因不可抗力无法履行合同的一方，须在不可抗力发生后尽快通知对方。

第二十三条 协议解除

1. 甲方申请撤销票据池业务并经乙方同意的，本协议解除。

2. 甲方指定用于办理本协议项下票据池业务的账户撤销，甲方应主动解除票据池关系并自票据池关系解除之日起本协议自动解除。

3. 客户办理票据池增值业务时，固定票据池有效票据金额不足或流动票据池有效票据低于其金额下限。

4. 甲方有违反国家法律法规及监管规定的行为，乙方有权单方解除本协议。

第二十四条 法律适用、争议解决

本协议适用中华人民共和国有关法律。甲、乙双方因订立、履行本协议所发生的或与本协议有关的一切争议、纠纷，双方可协商解决。协商不成的，任何一方可以向乙方住所地的人民法院提出诉讼；在争议解决期间，若该争议不影响本协议其他条款的履行，则该协议其他条款应继续履行。

第二十五条 其他约定

1. 未经乙方书面同意，甲方不得将本协议项下任何权利、义务转让予第三人。

2. 在不影响本协议其他约定的情形下，本协议对双方及各自依法产生的承继人和受让人均具有法律约束力。

3. 除另有约定外，双方指定本协议载明的住所地为通信及联系地址，并承诺在通信及联系地址发生变更时，以书面形式及时通知对方。

4. 除法律、法规另有规定或当事人另有约定外，本协议任何条款的无效均不影响其他条款的法律效力。

第二十六条 本协议有效期一年，自双方法定代表人或授权签字人签署并加盖公章之日起生效。协议期满前一个月，任何一方未书面提出终止的，本协议期限自动顺延一年。在本协议有效期内，一方提出终止协议，必须提前十天书面通知对方，经双方协商一致后可终止协议。

第二十七条　本协议一式两份，甲乙双方各执一份，具有同等法律效力。

甲方（盖章）：　　　　　　　　　乙方（盖章）：

有权签字人：　　　　　　　　　　有权签字人：

> 电子票据池是银行营销票源大户的王牌利器：
>
> 对于钢铁、汽车、煤炭、水泥、家电等票源大户，单纯提供票据类的融资已经不能满足客户需要；客户更需要的是全方位的票据专业服务，甚至保管、记账、托收等服务需要远远超过了单纯的贴现需要。

【业务十七】 电子银票质押委托贷款

银行借助该产品可以同步营销持票人和委托人，尤其是在贴现利率高企的时候，银行可以大力开展此项业务，获得较好的综合回报。通过委托贷款方式变现电子银行承兑汇票，无疑是一项伟大的创新。

【产品定义】

电子银票质押委托贷款是指持票人（借款人）以符合银行贴现规定的商业汇票作为质押，银行办理票据委托贴现，发放委托贷款给持票人（借款人），银行为委托人办理电子银行承兑汇票质押签发电子银行承兑汇票，以质押的电子银行承兑汇票托收回来的资金作为委托贷款还款资金的一种组合票据融资方式。

【业务流程图】

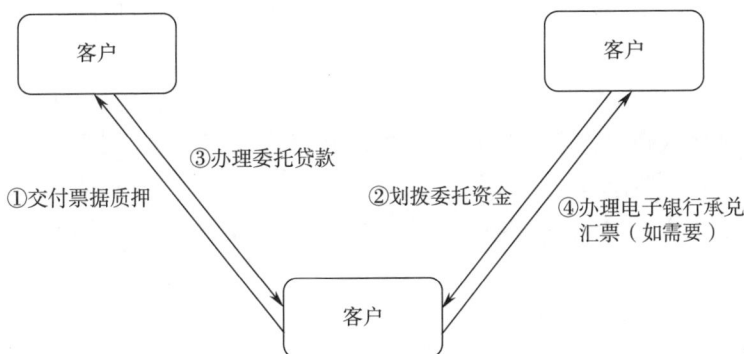

图 15　电子银票质押委托贷款

【操作规则】

1. 持票人提供质押的电子银行承兑汇票期限短于或等于银行为委托人办理电子银行承兑汇票期限，即被质押的电子银行承兑汇票早于委托贷款到期，电子银行承兑汇票到期托收回来现金后，存入银行保证金账户，等待委托贷款到期，委托贷款本金收回后，扣划本金兑付前期签发的电子银行承兑汇票。

2. 两张电子银行承兑汇票的金额相等，委托贷款的金额计算比照委托贴现计算即可。

【产品优势】

一、银行优势

1. 借助该产品可以同步营销持票人和委托人，尤其是在贴现利率高企的时候，银行可以大力开展此项业务，能获得较好的综合回报。

2. 银行可以获得可观的中间业务手续费，如电子银行承兑汇票手续费、委托贷款手续费等。

3. 该产品属于一款简易的理财型产品，为银行营销一些资金富余，有理财需要，同时需要保证支付的经销商客户群体提供王牌产品。

二、客户优势

（一）持票人优势

可以及时办理票据的贴现，尤其是在贴现利率较高的时候，保证能够将票据及时变现。以企业资金办理委托贷款的利率会低于银行贴现利率。

（二）委托人优势

1. 委托人在低风险的状态下，可以获得远远高于同期限定期存款的利息收益，实现资金增值。

2. 委托人可以正常签发电子银行承兑汇票，保证交易商务支付的需要。

【营销建议】

该类产品营销对象以民营企业为主，民营企业头脑灵活，决策程序较快，有追逐利益的动机，对于银行的灵活操作反应极快，非常适合该产品。

提供票据的持票人和办理贴现的委托人应当都是民营企业。

【案例】

××银行第三方票据质押电子银行承兑汇票案例

一、企业基本概况

××银行在北京开拓了较多大型钢铁经销商和煤炭经销商，煤炭经销商资金量较大，有时会出现短暂的资金闲置期；钢铁经销商运作规模较大，但是资金较为紧张。煤炭和钢铁的销售交易都以电子银行承兑汇票为主，因此，钢铁经销商和煤炭经销商对电子银行承兑汇票都非常熟悉。最近，贴现规模紧张，贴现利率急剧攀升，××银行没有规模买入这些票据。

二、银行切入点分析

××银行分析认为，钢铁经销商资金需求旺盛，在各家银行不断寻求融资渠道，一旦本行贴现停止，其他银行定会乘虚而入，将来再次开发这些钢铁经销商将非常困难。

煤炭经销商资金量较大，有时会出现很短暂的资金闲置，同时这类客户对于资金的回报要求较高，常规的通知存款很难搞定这类客户。因此，××银行设计提供：第三方票据质押电子银行承兑汇票。符合贴现要求后，钢铁经销商交付票据，银行发放委托贷款。

三、银行合作情况

××银行提供如下服务：

1. ××银行营销本地的钢铁经销商、煤炭经销商，商议第三方票据质押电子银行承兑汇票，双方都同意操作。提供电子银行承兑汇票1亿元，期限为5个月。

2. 钢铁经销商将1亿元电子银行承兑汇票交付银行，同时委托人（煤炭经销商）与银行签订商业汇票委托贴现委托协议；钢铁经销商与银行签订商业汇票委托贴现借款协议。

3. 委托人（煤炭经销商）提供9600万元委托资金，由银行贷款给钢铁经销商。钢铁经销商与银行办理1亿元电子银行承兑汇票的质押手续。

4. 煤炭经销商需要电子银行承兑汇票的时候，向银行提出需求，银行办理 1 亿元电子银行承兑汇票满足支付需要。

　　5. 5 个月后到期，银行将质押的 1 亿元电子银行承兑汇票办理托收，收回 1 亿元资金，存入煤炭经销商在银行的保证金账户。再过 1 个月后，银行扣划 1 亿元资金兑付电子银行承兑汇票。

　　　　银行营销该产品的主要出发点在于帮助持票企业尽可能降低融资成本，为有闲置资金同时需要对外使用票据支付的客户提供理财，帮助我们的客户融资成本更低一点儿，帮助我们客户的理财收益更高一点儿，客户会永远感激我们，离不开我们。

【业务十八】长电子银票→短电子银票→长电子银票

该类业务操作适用于产品存在明显的季节性的行业的经销商，如空调、建筑用水泥、钢材等，随着销售的淡旺季不同，厂商提供截然不同的产品销售商务政策，银行使用不同的票据组合，充分帮助经销商最大限度地同时获得银行提供的票据理财收益和厂商提供的商务折扣利益。

【产品定义】

长电子银票→短电子银票→长电子银票是指买方以收到的长电子银行承兑汇票作为质押，银行为其新办理期限较短的电子银行承兑汇票，在新较短电子银行承兑汇票到期获得解付及质押长电子银行承兑汇票变成短电子银行承兑汇票后，买方再次以短电子银行承兑汇票作为质押，银行再次为其办理新长电子银行承兑汇票的一种综合票据金融服务。

【适用客户】

适用客户为销售存在明显季节性的经销商，如空调、建筑用水泥、钢材等。随着销售的淡旺季不同，厂商提供截然不同的产品销售商务政策，银行使用不同的票据组合，充分帮助经销商最大限度地同时获得银行提供的票据理财收益和厂商提供的商务折扣利益。

【业务流程图】

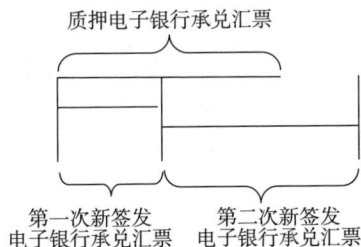

图16　长电子银票→短电子银票→长电子银票业务流程

【操作特点】

该业务属于时间周期业务，将一个客户的票据潜力进行最大限度的挖掘，沿着产业链制造关联营销的机会。

【产品优势】

1. 银行优势。银行实现关联营销，同时获得结算流水和保证金存款。再配套买方付息贴现，银行同时获得贴现利息收入。

2. 客户优势。可以获得和支付现款一样的商务效果。

【营销建议】

1. 银行必须认真学习研究不同行业的经销商和厂商直接交易的商务政策，同时非常熟悉银行各种类型存款及各种期限电子银行承兑汇票贴现的报价。有意识引导客户使用多种银行票据产品的组合。要求客户能够主动使用这些复杂的银行票据产品组合根本不现实。

2. 银行围绕一张长期限的电子银票做两次文章，进行组合营销，既满足了客户的支付需要，同时牢牢锁定了客户的商业交易。

【案例】

北京××空调销售有限公司长电子银票→短电子银票→长电子银票案例

一、企业基本概况

北京××空调销售有限公司为大型家电经营企业，注册资本为500万元，公司年销售规模达10亿元，公司是广东××空调在北京的总代理商。北京××空调销售有限公司上游客户为广东××空调。广东××空调制定灵活的销售政策，在5月至9月，为销售旺季，厂商要求现款或收取期限较短的电子银行承兑汇票；进入9月至下一年2月，为销售淡季，厂商为了刺激销售，收取电子银行承兑汇票期限不限。北京××空调销售有限公司下游客户为二级经销商及本地的大型商场。

二、银行切入点分析

北京××银行分析认为，空调销售存在明显的淡旺季之别，淡旺季厂商出台的商务政策充分体现在票据的期限中，银行可以帮助买方从中寻找盈利的机会。比如，针对空调经销商，在7月，将收到的6个月电子银行承兑汇票变成3个月短票支付给厂商（必要的时候买方付息），进入9—10月，以3个月的短票变成6个月长票支付厂商。

三、银行合作情况

××银行提供如下服务：

1. 7月，空调销售旺季，北京××空调销售有限公司收到期限6个月的电子银行承兑汇票，金额为1000万元。

2. 银行为北京××空调销售有限公司办理长票换短票，计算扣除贴息后，为客户办理3个月的电子银行承兑汇票，金额980万元支付货款，广东××空调按时发货。

3. 3个月后，北京××空调销售有限公司按时解付980万元电子银行承兑汇票，进入10月，空调销售淡季，银行为北京××空调销售有限公司办理3个月1000万元的电子银行承兑汇票质押开立6个月的1000万元的电子银行承兑汇票。

4. 再过3个月后，进入1月，1000万元的电子银行承兑汇票托收回来1000万元现款，办理3个月定期存款，等待1000万元电子银行承兑汇票解付。

5. 进入4月，1000万元的电子银行承兑汇票到期，银行扣划1000万元资金，兑付电子银行承兑汇票，其余利息支付给北京××空调销售有限公司。

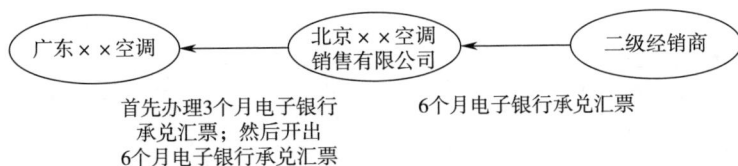

广东××空调	←	北京××空调销售有限公司	←	二级经销商
首先办理3个月电子银行承兑汇票；然后开出6个月电子银行承兑汇票			6个月电子银行承兑汇票	

银行可以利用票据天然服务客户产业链结算的特点，不断对票据进行长短改造，在改造的过程中，满足银行的存款收益目标。

【业务十九】长电子银票→短电子银票→长电子商票

銀行應當幫助客戶認真梳理其上游客戶和下游客戶，分析兩端客戶能夠接受的銀行結算工具及承受的收付款極限。銀行要從醫生的角度，診斷企業現在結算方式的缺陷，找到可以改進的地方，幫助客戶最大限度地挖掘上下游客戶的價值貢獻潛力。

【产品定义】

长电子银票→短电子银票→长电子商票是指买方以收到的长电子银行承兑汇票作为质押，银行为其办理新期限较短的电子银行承兑汇票，在新较短电子银行承兑汇票到期获得解付及长电子银行承兑汇票变成短电子银行承兑汇票后，买方再次以短电子银行承兑汇票作为质押，银行为其办理新期限较长的保贴电子商业承兑汇票的一种综合票据金融服务。

【适用客户】

适用客户为票据量较大的买方，买方的上游客户较多，买方与上游客户占优势地位和劣势地位并存。

【业务流程图】

质押票据

第一次新签发票据　　　　　　　第二次新签发票据

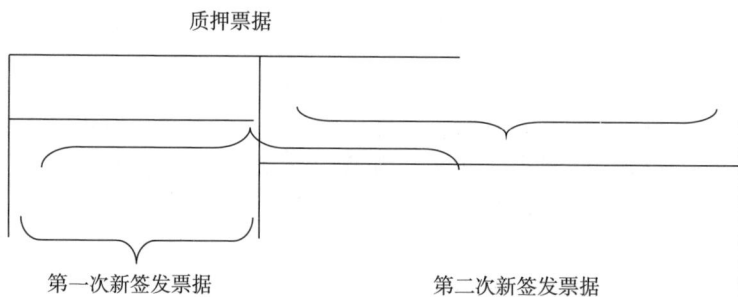

图17　长电子银票→短电子银票→长电子商票业务流程

【产品优势】

一、银行优势

1. 通过一系列连续的票据组合产品，可以捕捉客户的每个票据业务机会，牢牢抓住客户的所有票据资源，沿着产业链进行营销。

2. 银行借助现有客户，以票据不断转换为抓手，对上下游的客户进行关联开发。

二、客户优势

1. 通过使用银行的连续票据组合产品，可以最大限度地降低融资成本。

2. 客户可以适度获得一定的理财收益。

【营销建议】

银行应当帮助客户认真梳理其上游客户、下游客户，分析两端客户能够接受的银行结算工具及承受的收付款极限。银行要从医生的角度，诊断企业现在结算方式的缺陷，找到可以改进的地方，帮助客户最大限度地挖掘上下游客户的价值贡献潜力。

【案例】

北京××建筑有限公司短银票变保贴长商票

一、企业基本概况

北京华局建筑有限公司注册资本为 8000 万元，年销售规模达 16 亿元，为北京本地的大型建筑企业。公司上游客户为北京××钢铁集团、河北××钢铁集团，购买大型建筑用钢现款现货，如支付电子银行承兑汇票，需要买家承担贴息；小型水泥搅拌站，多支付现款，账期多为 3 个月。公司下游客户为北京××地铁运营有限公司、北京××房地产开发公司等。

二、银行切入点分析

××银行了解到，北京××建筑有限公司是重要的渠道资源，票据业务量极大，银行必须争夺该客户的票据资源。根据该客户上游客户——北京××钢铁集团为国内特大型钢铁集团，结算必须是现款或自行承担票据贴息；小型水泥搅拌站，账期多为 2 个月，财务费用承担能力较强，资金压力非常大，需要资金时效性。下游客户——各大建筑公司，相对较为强势，支付多为电子银行承兑汇票，且期限较长，多为6个月。××银行设计，首先将6个月长电子银行承兑汇票改造成2个月短电子银行承兑汇票，支付给上海××钢铁集团，同时加入买方付息票据，最大限度地降低北京××建筑有限公司财务费用。2个月后，短电子银行承兑汇票支付完毕后，以短电子银行承兑汇票质押变为6个月长电子商业承兑汇票，银行保证贴现。

三、银行合作情况

××银行提供如下服务：

1. 北京××建筑有限公司收到1笔电子银行承兑汇票，期限为6个月，金额为1000万元。

2. 针对北京××建筑有限公司采购钢材，银行提供长变短业务，以期限6个月、金额1000万元的电子商业承兑汇票作为质押，开立新电子银行承兑汇票，期限为2个月，金额为980万元（说明：由于质押的1000万元电子商业承兑汇票为6个月期限，而新办理的电子银行承兑汇票为2个月期限，因此，必须考虑价差）电子银行承兑汇票支付给北京××钢铁集团。

3. 2个月后，金额为1000万元的电子银行承兑汇票到期解付后，北京××建筑有限公司将1000万元再次作为质押，开立金额为1000万元、期限为6个月的电子商业承兑汇票，银行提供保贴承诺，支付给某小型水泥搅拌站。

4. 某小型水泥搅拌站收到电子商业承兑汇票后，立即向银行申请办理贴现，银行及时将1000万元、期限为6个月的电子商业承兑汇票办理贴现，小型水泥搅拌站承担贴现利息。

5. 2个月后，金额为1000万元的电子银行承兑汇票到期，银行将托收回来的资金存为3个月定期存款及7天通知存款，进入北京××建筑有限公司保证金账户，等待电子商业承兑汇票解付。

> 不断将票据进行改造，会给银行创造更多的存款，银行就应该帮助客户不断挖掘票据的价值，用最适合的方式使用改造票据，获取内源性收益。

【业务二十】电子银票套餐（快填敞口）

现金流较为充裕的贸易型客户简直就是最理想的制造存款的工具，通过提供一定的电子银行承兑汇票额度，刺激客户不断循环使用，最大限度地设计存款。

【产品定义】

电子银票套餐（快填敞口）是指在授信额度有效期内，银行为买方办理电子银行承兑汇票，要求买方在电子银行承兑汇票到期前的一段时间内存足敞口保证金，重新启用敞口授信额度，银行为买方循环办理电子银行承兑汇票的一种套餐服务模式。

该产品的核心逻辑是降低电子银行承兑汇票首笔保证金的比例，吸引客户提前填满电子银行承兑汇票的敞口，银行从而获得一定的保证金日均存款。

【适用客户】

1. 该产品适用于经营周转效率较高的客户，如煤炭经销商、家电经销商、燃料油经销商、钢铁经销商、水泥经销商、化肥经销商、药品经销商、食品经销商、饮料经销商。最好快进快出，银行挣流水，尤其是煤炭、钢铁物流商。

2. 通过灵活地设置保证金的交存要求，既满足银行制造存款的目标，同时又与客户的资金周转特点吻合，属于银行竞争的最高境界。

3. 中央企业等极为强势的大型企业。很多中央企业非常强势，要求签发银行承兑汇票零保证金，银行可以采取这个方案，中央企业签发电子银行承兑汇票，签发时可以零保证金，但是，后续要不断回补保证金，填满电子银行承兑汇票敞口。

【业务流程图】

示范：30%保证金　70%敞口45天填满　单笔电子银行承兑汇票6个月

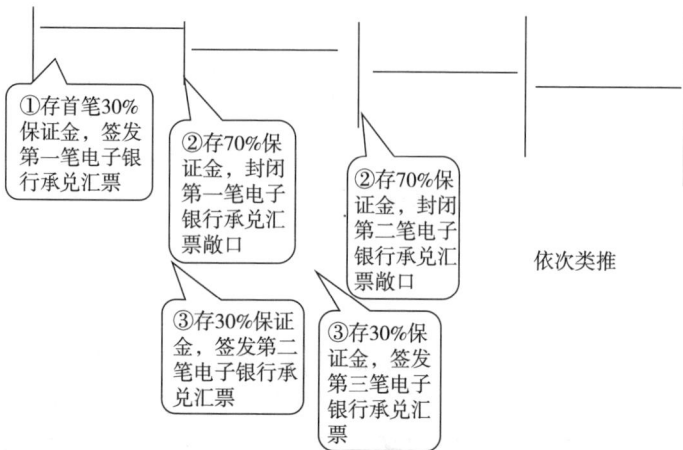

①存首笔30%保证金，签发第一笔电子银行承兑汇票

②存70%保证金，封闭第一笔电子银行承兑汇票敞口

②存70%保证金，封闭第二笔电子银行承兑汇票敞口

依次类推

③存30%保证金，签发第二笔电子银行承兑汇票

③存30%保证金，签发第三笔电子银行承兑汇票

图18　银票套餐（前置保证金＋后置保证金）业务流程

【业务分析】

由于电子银行承兑汇票期限为6个月，可以在2～3个月填满电子银行承兑汇票敞口，再次新签发电子银行承兑汇票，如此，循环反复操作，银行可以获得可观的存款。

表10　保证金回笼速度对存款日均的影响

初始保证金比例（%）	签票金额（万元）	1个月保证金金额（万元）	2个月保证金金额（万元）	3个月保证金金额（万元）	4个月保证金金额（万元）	5个月保证金金额（万元）	6个月保证金金额（万元）	期间日均（万元）
30	1000	300	300	300	300	300	1000	300
30	1000	300	300	300	500	700	1000	517
30	1000	300	300	500	700	900	1000	617
30	1000	300	400	600	800	900	1000	667

【操作特点】

1. 该业务属于时间周期业务，将一个客户的票据资源潜力进行最大限度的挖掘。前提是电子银行承兑汇票额度为 1 年期循环授信额度，可以在最高授信额度范围内，重复循环使用。

2. 银行必须非常熟悉买方商务交易周转一次的时间，商务销售结算的价格规定，合理设计电子银行承兑汇票的套餐保证金组合，既能满足买方的交易结算需要，又能达到银行的存款目标。

3. 设计金融服务方案必须掌握一个基本原则，首先，授信方案必须保证交易产业链各方商务交易的顺利实现；其次，在其中嵌入多样产品组合方案，实现买方和银行额外价值要求。

【操作规则】

表 11　电子银票套餐（快填敞口）操作规则

序号	转换结构	存款结构
1	如 6 个月电子银行承兑汇票	30% 保证金，30 天敞口填满；40% 保证金，40 天敞口填满；50% 保证金，50 天敞口填满
2	如 5 个月电子银行承兑汇票	20% 保证金，30 天敞口填满；30% 保证金，40 天敞口填满；40% 保证金，50 天敞口填满
3	如 4 个月电子银行承兑汇票	20% 保证金，30 天敞口填满；30% 保证金，40 天敞口填满；40% 保证金，50 天敞口填满

【产品优势】

一、银行优势

1. 有效放大银行的存款收益。通过提供一定额度的电子银行承兑汇票资源，银行可以获得多倍的存款。比如，1000 万元、6 个月的电子银行承兑汇票，50% 的保证金比例，2 个月填满敞口，银行可以获得 3 倍，即 2500 万元的存款。

2. 可以有效控制电子银行承兑汇票风险。客户在单笔商务交易周转一圈完毕后，将销售回款存入银行，电子银行承兑汇票获得解付，银行牢牢控制客户的经营现金流。

3. 银行可以获得多倍的电子银行承兑汇票手续费，比如，1000 万元、每轮 6 个月的电子银行承兑汇票，2 个月填满敞口，一年下来，银行可以获得中间业务收入：5000 × 6 = 3（万元）。

二、客户优势

1. 可以降低客户交存首笔保证金的压力，通常票据套餐操作，客户首笔保证金比例可以大幅降低，甚至可以降到零，由于客户可以在电子银行承兑汇票到期前较长时间封闭敞口，银行获得的保证金存款贡献非常可观。

2. 客户可以充分利用电子银行承兑汇票低成本的优势，满足商务交易结算的需要。

3. 客户可以获得将授信额度放大数倍，甚至是 10 倍以上的乘数效应，最大限度地利用银行的授信资源。比如，1000 万元，6 个月的电子银行承兑汇票，2 个月填满敞口，一年下来，企业可以使用电子银行承兑汇票 6 次，企业可以使用的电子银行承兑汇票总量为 6000 万元。

【营销建议】

这类流通型企业现金周转速度较快，现金流非常充裕，非常适合提供电子银行承兑汇票，由于电子银行承兑汇票的期限和客户的现金流周转速度不匹配，客户的现金流周转速度远远快于电子银行承兑汇票的期限，如果我们不锁定客户的销售现金流，客户就可能挪用销售现金流。

例如，我们给煤炭经销商签发 6 个月 1000 万元的电子银行承兑汇票，到煤炭经销商买到煤炭，再到卖出煤炭收到现款回款只需要 1 个月，如果我们不要求客户将销售回款封闭回银行，这个客户就可能挪用 1000 万元的销售回款。

【案例】

北京××电器有限公司电子银票套餐（前置保证金＋后置保证金）案例

一、企业基本概况

北京××电器有限公司为全国规模较大的家电零售连锁企业，在北京、天津、上海、广州等城市设立 28 个分公司，拥有包括香港地区在内的 160 余家直营门店和 1 万多名员工，公司年销售收入超过 230 亿元。公司的成功之处是将电子银行承兑汇票的作用发挥到极致。

二、银行切入点分析

北京××电器有限公司提供符合银行要求的抵押担保，银行核定1000万元的电子银行承兑汇票额度，单笔电子银行承兑汇票期限为6个月。银行认为单纯提供电子银行承兑汇票额度，收益太低。希望在电子银行承兑汇票额度内组合进入存款套餐，既能保证北京××电器有限公司商务交易采购的需要，同时银行又可以获得较大金额的存款。××银行设计：北京××电器有限公司必须在出票30天以现金存款填满保证金敞口，6个月因电子银行承兑汇票可以转6圈。

三、银企合作情况

1. 北京××电器有限公司与青岛××家电有限公司签订家电产品买卖合同，购买空调，约定销售结算使用电子银行承兑汇票。××银行了解到，北京××电器有限公司从支付电子银行承兑汇票收到空调，到销售实现回款约需25天。

2. 北京××电器有限公司提供房产作为抵押，银行核定1000万元电子银行承兑汇票额度，期限为1年。为了提高收益，同时测算北京××电器有限公司的销售周转天数约为25天。银行决定提供如下套餐：

电子银行承兑汇票金额：1000万元

保证金：30%

敞口填满天数：30天。

并与客户签订电子银行承兑汇票套餐使用协议，约定以上事项。

3. 北京××电器有限公司提供家电产品买卖合同，银行办理6个月的1000万元电子银行承兑汇票。北京××电器有限公司第一次提取空调。

4. 30天后，北京××电器有限公司将空调销售，收回1000万元货款。北京××电器有限公司在银行缴存第一笔电子银行承兑汇票敞口700万元保证金。同时，北京××电器有限公司在银行二次签发电子银行承兑汇票，缴存第二笔电子银行承兑汇票300万元的保证金。北京××电器有限公司第二次提取空调。

5. 再过30天后，北京××电器有限公司将第二次的空调销售完毕，再次缴存300万元保证金，签发第三笔1000万元电子银行承兑汇票。依次类推，多次循环。

银行通过灵活设置保证金的缴存时间节点，人为制造存款，既可以满足客户的支付结算需要，符合客户资金特点，又可以获得高额存款。

【业务二十一】电子银票套餐
（前置保证金＋后置票据）

现金流较为充裕的贸易型客户就是最理想的制造存款的工具，通过提供一定的电子银行承兑汇票额度，再加上一定的让利措施，可以刺激客户不断循环使用，最大限度地设计存款。

【产品定义】

电子银票套餐（前置保证金＋后置票据）是指在授信额度有效期内，银行为买方办理电子银行承兑汇票，要求买方在电子银行承兑汇票到期前一段时间内，以收到符合贴现规定的商业汇票作为质押封闭电子银行承兑汇票敞口，重新启用授信额度，银行为买方循环办理电子银行承兑汇票的一种套餐服务模式。

前提是电子银行承兑汇票额度为一年期循环授信额度，可以在最高授信额度范围内重复循环使用。该产品的核心逻辑是降低首笔电子银行承兑汇票保证金比例，吸引客户提前以收到的电子银行承兑汇票办理质押填满敞口，从而循环签发电子银行承兑汇票。

【适用客户】

适用客户为周转效率较高的流通型客户，尤其以民营企业居多，如煤炭经销商、燃料油经销商、钢铁经销商、水泥经销商、化肥经销商、药品经销商、食品经销商、饮料经销商等。

这类客户的商业模式：上游（企业）＋经销商＋下游（企业）。

【注意要点】

充分考虑银行给买方签发电子银行承兑汇票期限，买方商务交易周转一次的期限，根据买方商务周转一次的期限决定填满电子银行承兑汇票敞口的期限，给买方提供足够的便利。

例如，银行给大型钢铁经销商签发电子银行承兑汇票的期限为6个月，买方周转一次期限为1个月，那么可以要求买方封闭敞口的期限为40天。

【产品优势】

一、银行优势

1. 有效放大银行的存款收益。通过提供一定额度的电子银行承兑汇票资源，以及客户不断封闭电子银行承兑汇票敞口，滚动签发电子银行承兑汇票，银行可以获得多倍的存款。

2. 可以有效控制电子银行承兑汇票风险，防止客户挪用销售回款。客户在单笔商务交易周转一圈完毕后，将销售收回的电子银行承兑汇票存入银行，银行为其办理的电子银行承兑汇票风险敞口得到封闭。

3. 银行可以获得多倍的电子银行承兑汇票手续费，客户循环使用有电子银行承兑汇票额度，银行同等倍数获得手续费回报。

二、客户益处

1. 客户可以充分利用电子银行承兑汇票的低成本的优势，满足商务交易结算的需要。

2. 客户可以获得将授信额度放大数倍，甚至是十倍以上的乘数效应，最大限度利用银行的授信资源。在客户封闭前期的电子银行承兑汇票敞口后，可以再次启用电子银行承兑汇票额度，循环签发票据。

3. 客户可以使用收到的符合贴现的电子银行承兑汇票填满原来在银行敞口签发的电子银行承兑汇票，避免贴现方式下需要承担贴现利息费用。

【营销建议】

这类经销商群体需要向上游企业支付电子银行承兑汇票，同时，会向下游客户销售，收到电子银行承兑汇票。向上游企业支付的大面额电子银行承兑汇票，在销售环节收到小金额的电子银行承兑汇票。可以使用小面额的电子银行承兑汇票质押封闭前期签发大面额电子银行承兑汇票的敞口。

例如，大型钢铁经销商向上游钢铁厂商支付电子银行承兑汇票，从下游二级钢铁经销商收到小面额的电子银行承兑汇票。

【案例】

广西××电器有限公司银票套餐（前置保证金＋后置银票）案例

一、企业基本概况

广西××电器有限公司是广东××电器在广西地区的总代理，是广西地区规模较大的家电批发企业，公司在玉林、桂林、柳州、南宁等地有超过38个地区二级经销商，公司年销售收入超过8亿元。广西××电器有限公司与广东××电器结算模式是使用电子银行承兑汇票；广西××电器有限公司与二级经销商结算模式是使用电子银行承兑汇票。

二、银行切入点分析

广西××电器有限公司是重要的票据渠道类客户，票源非常丰富。广西××电器有限公司收到的电子银行承兑汇票和支付的电子银行承兑汇票量都较大。××银行核定1000万元电子银行承兑汇票额度，单笔电子银行承兑汇票期限为6个月。银行设计：首笔保证金为30%，以现金存款形式；广西××电器有限公司应在60天内填满敞口，可以使用广西××电器有限公司收到的电子银行承兑汇票质押填满敞口，要求这些票据，如果期限短于电子银行办理的承兑汇票，全额质押；如果期限长于电子银行办理的承兑汇票，扣除贴息质押。

三、银企合作情况

1. ××银行提供1000万元的电子银行承兑汇票额度，保证金为30%。广西××电器有限公司签发6个月电子银行承兑汇票。

2. 60天后，广西××电器有限公司以收到的700万元、期限为3个月的电子银行承兑汇票填满敞口700万元。广西××电器有限公司在银行二次签发电子银行承兑汇票，缴存30%保证金。

【文本】

××银行"电子银行承兑汇票套餐（银票质押封闭敞口）"业务合同

申请人：　　　　　　　　　　（以下简称甲方）

住所：　　　　　　　　　　　邮政编码：

法定代表人：　　　　　　　　联系人：

电话：　　　　　　　　　　传真：

信用社：　　　　　　　　　（以下简称乙方）
住所：　　　　　　　　　　邮政编码：
法定代表人：　　　　　　　联系人：
电话：　　　　　　　　　　传真：

甲乙双方本着平等互利的原则，经友好协商，签署本合同。

第一条　电子银行承兑汇票套餐（银票质押封闭敞口）定义：在授信额度有效期内，信用社为买方办理电子银行承兑汇票，要求买方在电子银行承兑汇票到期前一段时间内，以收到符合贴现规定的商业汇票作为质押封闭电子银行承兑汇票敞口，重新启用授信额度，信用社为买方循环办理电子银行承兑汇票的一种套餐服务模式。

第二条　甲方在信用社办理了＿＿＿＿＿＿＿＿金额的敞口电子银行承兑汇票，甲方约定按照如下的规则提供敞口电子银行承兑汇票的质押物，用于封闭已经签发电子银行承兑汇票的敞口：＿＿＿＿＿＿＿＿。

1. 6个月电子银行承兑汇票

30%保证金，30天敞口填满；（　　　）

40%保证金，40天敞口填满；（　　　）

50%保证金，50天敞口填满；（　　　）

2. 5个月电子银行承兑汇票

20%保证金，30天敞口填满；（　　　）

30%保证金，40天敞口填满；（　　　）

40%保证金，50天敞口填满；（　　　）

3. 4个月电子银行承兑汇票

20%保证金，30天敞口填满；（　　　）

30%保证金，40天敞口填满；（　　　）

40%保证金，50天敞口填满；（　　　）

第三条　甲方保证与承诺：

甲方向乙方提交的商品交易合同以及其他材料是真实的。甲方违反以上保证与承诺，赔偿乙方由此产生的一切损失。如甲方未能交存保证金，乙方有权拒绝新签发电子银行承兑汇票的申请。

第四条　本合同生效后，甲乙双方当事人均应如约履行本合同项下的义务。任何一方不履行或不适当履行本合同项下的义务，应承担违约责任。

第五条　本合同生效后，除本合同已有约定外，甲乙任何一方均不得擅自变更或解除本合同；如确需变更或解除本合同的，应经甲乙双方协商一致，达成书面合同，并由甲方和乙方各自的法定代表人或授权代理人签字并加盖各自的公章方为有效。

第六条　甲乙双方之间发生的关于本合同的一切争议，双方可协商解决。协商不成需诉讼的，由乙方住所地的人民法院管辖。

第七条　本合同自甲方和乙方各自的代表人或授权代理人签字并加盖各自的公章之日起（含该日）生效。本合同生效后，甲方或乙方发生合并或分立或改制的，本合同对合并或分立改制后的全体法人或其他组织同时具有约束力。

第八条　本合同正本一式两份，甲方和乙方各执一份，具有同等的法律效力。

甲　方：　　　　　　　　　　乙　方：
法定代表人：　　　　　　　　负责人：
（或授权代理人）　　　　　　（或授权代理人）
签订日期：　　年 月 日　　　签订日期：　　年 月 日

> 通过现金流与票据的不断尝试性匹配，可以给银行创造最大的存款，同时，可以给企业一定的便利，获得银企"双赢"。

【业务二十二】电子银票套餐
（票据保证金＋存款保证金）

> 针对贸易型客户，再次提供更优惠的使用票据的措施，通过提供一定的电子银行承兑汇票额度，刺激客户不断循环使用，最大限度地设计存款。

【产品定义】

电子银票套餐（票据保证金＋存款保证金）是指在授信额度有效期内，银行为买方办理电子银行承兑汇票，首笔保证金采取买方提供以符合贴现规定的短期电子银行承兑汇票作为质押方式，允许买方在电子银行承兑汇票到期前一段时间内，交存现金封闭电子银行承兑汇票敞口，重新启用授信额度，银行为客户循环办理电子银行承兑汇票的一种套餐服务模式。

【适用客户】

1. 大型上市公司、大型中央企业等。这些强势客户在日常经营活动中，需要大量签发电子银行承兑汇票，同时，也会收到一些小面额的短期电子银行承兑汇票，就可以将这些短期的电子银行承兑汇票作为保证金，额外启用一定的敞口额度，签发大面额电子银行承兑汇票。

2. 周转效率较高的流通型客户，尤其以民营企业居多，如特大型家电经销商、汽车经销商、钢铁经销商、乳品经销商、煤炭经销商、油料经销商等。

该类客户自身持有一定的票据资源，同时因为采购缘故，大量需要银行提供敞口电子银行承兑汇票。

【操作特点】

1. 该业务属于时间周期业务，最大限度地挖掘一个客户票据潜力，沿着产业链人为制造关联营销的机会，前提是电子银行承兑汇票额度为一年期循环授信额度，可以在最高授信额度范围内，重复循环使用。

2. 作为保证金质押的电子银行承兑汇票应当为短票，从而可以给银行带来一定的远期保证金存款。存款不反映在当期，而是未来一段时间。

该业务非常适合在年底前操作，例如，给客户签发 6 个月的电子银行承兑汇票，1000 万元票面金额，要求 30% 的保证金，客户提供持有的 300 万元、3 个月期限的短电子银行承兑汇票质押。

【操作规则】

表 12 电子银票套餐（票据保证金＋存款保证金）操作规则

序号	转换结构	存款结构
1	如 6 个月电子银行承兑汇票	30% 票据保证金，30 天敞口填满；40% 票据保证金，40 天敞口填满；50% 票据保证金，50 天敞口填满
2	如 5 个月电子银行承兑汇票	20% 票据保证金，30 天敞口填满；30% 票据保证金，40 天敞口填满；40% 票据保证金，50 天敞口填满
3	如 4 个月电子银行承兑汇票	20% 票据保证金，30 天敞口填满；30% 票据保证金，40 天敞口填满；40% 票据保证金，50 天敞口填满

【产品优势】

一、银行优势

1. 有效放大银行的存款收益。通过提供一定额度的电子银行承兑汇票资源，银行可以获得多倍的存款。

2. 可以有效控制电子银行承兑汇票风险。客户在单笔商务交易周转一圈后，将销售收回的电子银行承兑汇票存入银行，银行为其办理的电子银行承兑汇票风险敞口得到封闭。

3. 银行可以获得多倍的电子银行承兑汇票手续费。

二、客户优势

1. 降低客户交存首笔保证金的压力，客户以自己持有的电子银行承兑汇票质押作为保证金，避免将票据贴现的成本。

2. 客户可以充分利用电子银行承兑汇票的低成本的优势，满足商务交易结算的需要。

一些钢铁经销商，既需要银行签发电子银行承兑汇票，同时自身手中也有大量的电子银行承兑汇票资源，可以使用持有的小面额电子银行承兑汇票质押作为保证金，在银行启用电子银行承兑汇票额度。

3. 客户可以获得将授信额度放大数倍，最大限度地利用银行的授信资源。

4. 客户可以使用收到的符合贴现规定的电子银行承兑汇票填满原来在银行敞口签发的电子银行承兑汇票，避免贴现方式下需要承担贴现利息费用。

【案例】

北京××钢铁销售有限公司银票套餐
（前置票据保证金＋后置存款保证金）案例

一、企业基本概况

北京××钢铁销售有限公司注册资本为8000万元，年销售规模达86亿元，为北京本地的特大型钢铁经销企业。公司对采购方支付为电子银行承兑汇票。公司下游客户为北京本地较多钢铁二级经销商及部分终端用户等，公司对外销售收取货款工具多为电子银行承兑汇票。

二、银行切入点分析

××银行了解到，北京××钢铁销售有限公司是北京本地特大型钢铁经销商，是重要的渠道资源，票据业务量极大，银行必须争夺该客户的票据资源。特大型钢铁企业——山西××钢铁集团愿意为北京××钢铁销售有限公司提供3亿元的北京××钢铁销售有限公司保兑仓回购担保。出于竞争角度考虑，××银行设计北京××钢铁销售有限公司可以提供其收到的短期电子银行承兑汇票作为质押的首笔保证金，之后，北京××钢铁销售有限公司必须缴存现款保证金，才可以提货。

三、银行合作情况

××银行提供如下服务：

1. 银行为北京××钢铁销售有限公司核定1亿元保兑仓项下电子银行承兑汇票额度，约定可以签发1亿元电子银行承兑汇票，期限为6个月，首笔保证金比例为30%。北京××钢铁销售有限公司提供收到的货款1笔电子银行承兑汇票，期限为1个月，金额为3000万元。

2. 银行确定3000万元电子银行承兑汇票作为首笔保证金合格，为北京××钢铁销售有限公司办理1亿元电子银行承兑汇票。银行与北京××钢铁销售有限公司签订电子银行承兑汇票质押协议及银行承兑协议。

3. 北京××钢铁销售有限公司提出针对首笔保证金为3000万元的电子银行承兑汇票对应货物的发货申请，银行通知山西××钢铁集团释放3000万元价值的货物。

4. 北京××钢铁销售有限公司缴存其他保证金，银行通知山西××钢铁集团释放同等金额货物，直至保证金敞口全部填满。

　　对于客户准备签发长期限电子银行承兑汇票，缴存保证金，可以通过缴存短期限电子银行承兑汇票质押方式缴存，避免了客户需要支付的高额贴现利息支出。

　　例如，银行授信批复1000万元电子银行承兑汇票额度，需要缴存300万元保证金，如果客户此时正好有一笔300万元、3个月的短电子银行承兑汇票，就可以以此作为保证金用于质押。营销之道，兵无常势，水无常形。

【业务二十三】 出口信用证＋电子银票＋押汇

> 定位在中型的出口贸易型企业，这类客户融资需求非常迫切，会配合银行营销策略。银行设计供应链融资策略，借助出口商，关联营销其上游客户，扩大营销的范围，同时设计大额的存款回报。

【产品定义】

出口信用证＋电子银票＋押汇是指出口商以收到的出口信用证作为质押，银行为出口商签发电子银行承兑汇票，用于出口商在国内的采购，办理货物出口后，银行及时为出口商办理出口押汇，押汇资金兑付电子银行承兑汇票，以商品出口后收回的货款及时结汇后归还银行押汇融资的一种结构化融资业务。

【适用客户】

适用客户为中型的出口贸易型公司，一般都是专业的外贸公司，从国内采购，向国外出口。典型客户如从事化工品、粮食、焦炭、机电、纺织品出口的专业公司。

【业务流程图】

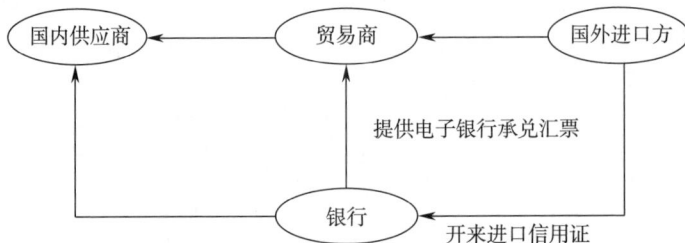

图19　出口信用证＋电子银票＋押汇业务流程

【产品优势】

该产品主要替代银行现有的打包贷款，如果直接办理出口打包贷款，银行很难监控出口商的资金用途，融资成本较高，而且银行赚取的收益较为单一。在现有打包贷款方式下，银行一般要求客户提供额外的抵押担保，增加了企业的负担。

采用出口信用证作为质押，银行为出口商首先办理电子银行承兑汇票，然后办理押汇方式，可以有效监控出口商的资金用途，在一定程度上降低出口商的融资成本，而且银行可以获得稳定的大额存款、中间业务收入等。

【营销建议】

应当定位在中型的出口贸易型企业，这类客户融资需求非常迫切，会配合银行营销策略。银行设计供应链融资策略，借助出口商，关联营销其上游客户，扩大营销的范围，同时设计大额的存款回报。

打包贷款成本较高，而打包电子银行承兑汇票，并配套提供出口押汇业务，这将极大降低出口贸易型企业的融资成本。

【案例】

山西××进出口有限公司出口信用证＋电子银行承兑汇票＋押汇案例

一、企业基本概况

山西××进出口有限公司注册资本为5000万元，年销售规模达36亿元，为山西本地的大型贸易型企业。公司上游客户为本地的小型焦化企业，公司对采购方支付为电子银行承兑汇票。公司下游客户为国外的大型钢厂，公司收到的多是信用证。

二、银行切入点分析

××银行了解到，山西××进出口有限公司是山西本地的优质客户，是重要的渠道资源，国际业务量较大。可以借助该公司关联营销其上游客户资源。××银行设计出口信用证＋电子银行承兑汇票＋押汇方案。

三、银行合作情况

××银行提供如下服务：

（一）远期出口信用证

1. 山西××进出口有限公司与国外进口商签订焦炭出口合同，合同总价为1000万美元，山西××进出口有限公司收到国外开来的远期信用证。

2. 银行以信用证为担保，签发7000万元的电子银行承兑汇票，山西××进出口有限公司用于在本地的焦炭采购。

3. 山西××进出口有限公司组织货物出口后，向银行提交出口单据，银行即办理出口人民币押汇，押汇后款项进入保证金账户等待电子银行承兑汇票解付，电子银行承兑汇票为全额保证金电子银行承兑汇票。

4. 银行将出口单据提交国外开证行，出口信用证到期，国外开证行汇划资金，银行收到1000万美元后，结汇归还银行前期的人民币押汇贷款。

（二）即期出口信用证

1. 山西××进出口有限公司与国外进口商签订焦炭出口合同，合同总价为1000万美元，山西××进出口有限公司收到国外开来的远期信用证。

2. 银行以信用证为担保，签发7000万元的电子银行承兑汇票，山西××进出口有限公司用于在本地的焦炭采购。

3. 山西××进出口有限公司组织货物出口后，向银行提交出口单据，银行将出口单据提交国外开证行，国外开证行汇划资金，银行收到1000万美元后，结汇，银行将人民币款项进入保证金账户等待电子银行承兑汇票解付，电子银行承兑汇票为全额保证金电子银行承兑汇票。

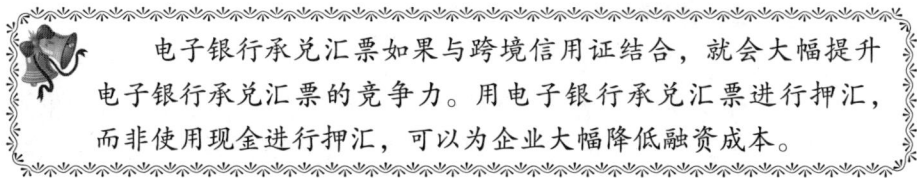

> 电子银行承兑汇票如果与跨境信用证结合，就会大幅提升电子银行承兑汇票的竞争力。用电子银行承兑汇票进行押汇，而非使用现金进行押汇，可以为企业大幅降低融资成本。

【业务二十四】电子银票
质押开立国内信用证（买方押汇）

> 该产品通常在贴现利率高企的时候适用，银行提供电子银行承兑汇票质押开立国内信用证，很合理地调整业务收入结构，曲线得到银行所需要的一切。

【产品定义】

电子银票质押开立国内信用证（买方押汇）是指买方因真实的商务交易采购支付需要银行提供定向付款融资，买方以收到的电子银行承兑汇票作为质押，银行为买方签发国内信用证，卖方履约发货后，银行为买方办理买方押汇，通过提供一整套的融资方案保证买方的交易支付的一种融资业务。

该产品的商业逻辑在于对一些复杂不放心的商业交易，银行应当帮助企业确保交易的安全，帮助企业将收到的电子银行承兑汇票转换成国内信用证完成支付。电子银行承兑汇票是单纯的支付工具，而国内信用证是保证安全及支付的双重工具。

【适用客户】

1. 适用客户为票源丰富的贸易型客户，这类客户对上游供应商供货能力不放心，希望使用国内信用证降低采购风险。

2. 典型客户如中小型的钢铁经销商、煤炭经销商、化肥经销商、燃料油经销商、中小钢铁生产企业、中小电机企业、钢构企业等。

例如，中小钢铁生产企业使用自己持有的电子银行承兑汇票质押，银行为其办理国内信用证用于采购钢材、焦炭等。因为中小钢铁生产企业对焦炭供应商不信任，单纯将电子银行承兑汇票背书转让，感觉不放心，所以更愿意使用国内信用证。

【业务流程图】

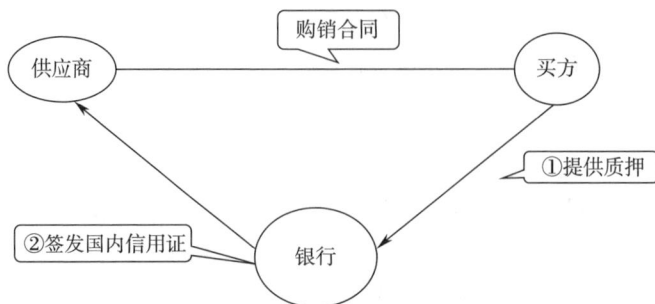

图 20　电子银票质押开立国内信用证（买方押汇）业务流程

【电子银行承兑汇票质押开立国内信用证与电子银行承兑汇票质押贷款比较】

表 13　电子银行承兑汇票质押开立国内信用证与电子银行承兑汇票质押贷款比较

电子银行承兑汇票质押开立国内信用证	电子银行承兑汇票质押贷款
银行操作目的在于发放国内信用证项下买方押汇，将贷款转化为贸易融资	单纯的银行贷款融资，记为贷款利息收入
可以控制贸易项下卖方的真实履约，保证银行授信资金用于真实商品交易，保证基础交易安全	客户自由使用资金，银行很难监控信贷资金的用途
银行可以获得国内信用证手续费收入，买方押汇利息收入	单纯的利息收入
融资利息比照贴现，收取贴现利息	融资比照贷款，收取贷款利息

【产品优势】

1. 通过电子银行承兑汇票质押开立国内信用证（买方押汇），银行可以有效监控企业的信贷资金用途，有效提高银行的综合业务收入。

2. 企业通过使用电子银行承兑汇票质押开立国内信用证（买方押汇），降低采购风险。

【营销建议】

该产品通常在贴现利率高企的时候适用，银行提供电子银行承兑汇票质押开立国内信用证，调整业务收入结构。

【案例】

山西××焦化有限公司电子银行承兑汇票质押开立国内信用证（买方押汇）案例

一、企业基本概况

山西××焦化有限公司注册资本为2亿元，年销售规模达16亿元，为本地的中型规模的焦化生产企业。公司每年需要大量购买焦煤、焦炭等物资，该公司销售收到的回款大部分是电子银行承兑汇票。

二、银行切入点分析

××银行了解到，山西××焦化有限公司采购量极大，销售收到的回款大部分都是电子银行承兑汇票。

支付工具多为电子银行承兑汇票，银行可以提供5000万元的电子银行承兑汇票额度，为了提高收益，实现关联营销其上游客户，同时控制资金用途，银行考虑提供国内信用证。

三、银行合作情况

××银行提供如下服务：

1. 银行向北京××钢铁有限公司提供5000万元的电子银行承兑汇票＋国内信用证混合额度，用于山西××焦化有限公司的采购支付。

2. 山西××焦化有限公司与供应商签订焦煤、焦炭采购合同，在银行启用国内信用证额度5000万元，签发国内信用证。

3. 供应商收到国内信用证后，依据国内信用证条款发货，发货后，将发货单据提交开证行。

4. 银行收到发货单据后，通知山西××焦化有限公司立即签发5000万元电子银行承兑汇票，收款人为供应商。

【点评】

监控客户信贷资金使用，应当通过银行的授信产品，而非过多地人为干预。

在监控客户信贷资金使用的同时，达到银行改善收入结构的目标。

应当控制客户，要求客户按照银行希望的方式使用产品、金融服务方案，当然在这个过程中，客户也会得到实际的利益。

【业务二十五】 电子商业汇票质押保函

> 施工企业往往收到大量电子商业汇票，对外参加投标等，又需要签发各类保函，银行可以将企业两项业务有效连接起来。

【产品定义】

电子商业汇票质押保函是指客户以持有的符合贴现规定的电子商业汇票作为质押，银行为客户办理保函，保证客户的商务担保需要的一种授信业务。

【适用客户】

适用客户为一些大量使用保函的中小型客户，如一些中小型的电力设备企业、中小施工企业、中小钢构企业等，这类客户在销售环节大量收到电子银行承兑汇票，因为需要不断参与各类工程投标，也需要在银行开立保函。

银行营销的出发点应当是如何尽可能帮助客户降低融资成本，客户成本降低了，银行自然会得到源源不断的利益。

一些大型担保公司也可以采取这种策略，以客户收到的电子商业汇票作为质押，为客户签发各类保函。

【业务流程图】

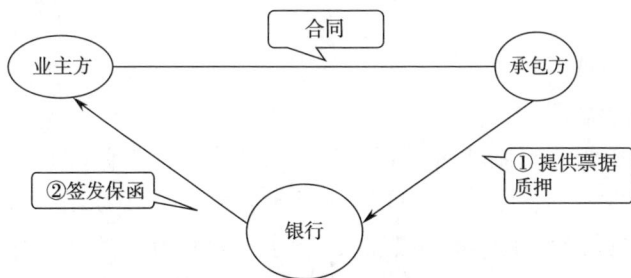

图21　电子商业汇票质押保函业务流程

【业务流程】

1. 客户提交电子商业汇票，银行确认质押的电子商业汇票符合银行的贴现规定。

2. 客户提交商务承包合同，在电子商业汇票质押的授信额度内，银行为客户办理银行保函。

3. 电子商业汇票到期，托收回来的资金存入保证金账户，用于银行保函的担保。如在保函有效期内发生索赔，申请人应立即将索赔资金存入银行置换被质押的票据。

【产品定价】

客户以电子商业汇票作为质押，银行签发保函，收取一定的保函手续费。

【操作要点】

提供质押的电子商业汇票质押率不应高于95％，如果质押电子商业汇票先于保函到期，客户应承诺质押的电子商业汇票托收回来的款项继续用于质押，以备保函的担保需要。

质押的电子商业汇票需在银行同业授信额度银行范围之内，且可用额度足够使用；质押的电子商业汇票需满足银行电子商业汇票的贴现管理规定，且可用额度足够使用。

拟质押电子商业汇票托收回来的资金可以合理安排存款的品种，为客户提供一定的理财，可以将资金存为3个月定期存款、7天通知存款、存款周计划、1天通知存款等。

【产品优势】

一、银行优势

1. 可以给银行贡献非常可观的存款。通常保函期限较长，尤其是履约保函，期限都在9个月以上，如果使用6个月、1000万元的电子银行承兑汇票质押，银行就可以获得可观的3个月、1000万元的定期存款。

2. 可以给银行带来可观的保函业务手续费收入。通过该业务可以极大地提高银行保函产品的竞争优势，大幅降低企业办理保函的成本。

二、客户优势

1. 通过电子商业汇票质押保函业务，客户可以最大限度地合理使用票据资源，避免直接贴现方式下，企业需要承担较高的贴现利息。

2. 客户通过电子商业汇票质押保函，会给企业带来可观的保证金存款利息收益。

【风险控制】

1. 拟质押的电子商业汇票需按照贴现的要求，切实控制票据风险。保函如果发生索赔，申请人应立即将索赔资金存入银行置换被质押的票据，如被质押票据已经完成托收，则扣划该款项用于保函赔付。

2. 叙做该业务后，应定期查看质押电子商业汇票到期情况，办理托收。

【营销建议】

1. 该产品通常适用于工程承包企业、材料供应商，尤其是在道路工程公司、电力设备制造企业等企业适用。

2. 该业务要由银行主动营销客户去使用，主要介绍该产品可以极大地降低企业的财务费用。

【案例】

山西××建设工程有限公司电子商业汇票质押保函案例

一、企业基本概况

山西××建设工程有限公司注册资本为3000万元，年销售规模达6亿元，为本地的中型规模的工程承包企业，公司每年收到大量的电子商业汇票。公司由于工程投标需要大量签发银行保函。

二、银行切入点分析

××银行了解到，山西××建设工程有限公司票据业务量极大，销售收到的回款大部分是电子商业汇票。公司每年需要大量签发银行保函，以往都是企业将票据贴现，以现款存为保证金签发银行保函。××银行希望争取该客户，必须提供更有竞争性的方案，××银行设计，以票据为质押签发保函。

三、银行合作情况

××银行提供如下服务：

1. 山西××建设工程有限公司提供5000万元的电子商业汇票，银行符合贴现规定。

2. 山西××建设工程有限公司提供工程承包合同，银行为山西大化建设工程有限公司办理5000万元的履约保函。

【点评】

监控客户信贷资金使用，应当通过银行的授信产品，而非过多的人为干预，至少认为干预应当降到最低程度。

在监控客户信贷资金使用的同时，达到银行改善收入结构的目的。

应当控制客户，要求客户按照银行希望的方式使用产品、金融服务方案，当然这一过程中，客户也会得到实际的利益。

【文本】

电子商业汇票质押保函业务协议

申请人： （以下简称甲方）

住所： 邮政编码：

法定代表人： 联系人：

电话： 传真：

银行： （以下简称乙方）

住所： 邮政编码：

法定代表人：　　　　　　　联系人：

电话：　　　　　　　　　　传真：

甲乙双方本着平等互利的原则，经友好协商，签署本合同。

第一条　"票据保函联结"业务是指客户以持有的符合贴现规定的电子银行承兑汇票或商业承兑汇票作为质押，银行为客户办理保函，保证客户的商务担保需要的一种授信业务操作形式。

第二条　乙方将根据拟质押电子银行承兑汇票或商业承兑汇票的查复确认结果决定办理"票据保函联结"。

第三条　"票据保函联结"业务中，甲方提供质押的电子银行承兑汇票或商业承兑汇票信息如下：

单位：元

汇票号码	汇票金额（大写）	出票日期	到期日期	承兑银行

银行为你司办理下列银行保函：

受益人名称：＿＿＿＿＿＿＿＿＿＿＿＿＿＿＿＿＿

开户银行：＿＿＿＿＿＿＿＿＿＿＿＿＿＿＿

账号：＿＿＿＿＿＿＿＿＿＿＿＿＿＿＿

单位：元

保函号码	保函金额（大写）	签发日期	到期日期

以上银行保函，乙方将按照保函金额的万分之＿＿＿＿＿＿＿＿（大写）收取手续费。

第四条 甲方的保证与承诺：

1. 向乙方提交的电子银行承兑汇票或商业承兑汇票、增值税专用发票、商品交易合同或商品发运单据以及其他材料是真实的。

2. 甲方承诺提供的电子银行承兑汇票或商业承兑汇票是由甲方合法拥有，具有真实、合法的商品交易背景。

3. 甲方承诺提供质押的应收电子银行承兑汇票或商业承兑汇票不存在任何缺陷或瑕疵。

4. 甲方负责所申请质押的应收电子银行承兑汇票或商业承兑汇票背书的连续性和其前手背书的真实性。

如甲方违反以上保证与承诺，甲方必须在三个工作日内向乙方缴存保函金额的现金，并赔偿乙方由此产生的一切损失。如甲方未能按要求返还该款项，乙方有权随时从甲方开立在其系统内各机构的账户上扣除上述款项。

第五条 乙方的保证与承诺根据甲方的申请及时为其办理本协议约定额度的银行保函。

第六条 本合同生效后，除本合同已有约定的外，甲乙任何一方均不得擅自变更或解除本合同；如确需变更或解除本合同的，应经甲乙双方协商一致，达成书面合同，并由甲方和乙方各自的法定代表人或授权代理人签字并加盖各自的公章方为有效。

第七条 甲乙双方之间发生的关于本合同的一切争议，双方可协商解决。协商不成需诉讼的，由原告所在地的人民法院管辖。

第八条 本合同自甲方和乙方各自的代表人或授权代理人签字并加盖各自的公章之日起（含该日）生效。本合同生效后，甲方或乙方发生合并或分立或改制的，本合同对合并或分立改制后的全体法人或其他组织同时具有约束力。

第九条 本合同正本一式两份，甲方和乙方各执一份，具有同等的法律效力。

甲　　方：　　　　　　　　乙　　方：

法定代表人：　　　　　　　　法定代表人：

（或授权代理人）　　　　　　（或授权代理人）

签订日期：　　年 月 日　　签订日期：　　年 月 日

对于施工企业而言，常年会大量使用各类银行保函。

施工企业在经营活动中，也大量收到各类票据。

银行可以利用此特点，以施工企业收到的电子银行承兑汇票质押，为客户签发保函。

【业务二十六】国内信用证项下电子银票（或电子商票保贴）

> 国内信用证（电子银行承兑汇票或电子商业承兑汇票保贴）与贷款的功能相同，但是银行使用国内信用证（电子银行承兑汇票或电子商业承兑汇票保贴）可以起到控制资金用途，改善收入结构的特殊功效。

【产品定义】

国内信用证项下电子银票（或电子商票保贴）是指银行为国内的买方核定国内信用证额度，买方开立国内信用证用于真实的商品采购，在买方提交国内信用证项下单据后，银行与买方签订的国内信用证买方押汇合同，办理电子银行承兑汇票解付国内信用证并放单给买方的一种银行授信业务形式，其实质是开证行对买方的一种短期资金融通。

【适用客户】

适用客户为在与银行合作过程中处于弱势地位的中型客户。对于一些单纯提供贷款感觉风险较大的中小客户，最好的方式就是巧妙使用授信产品组合，通过方案来控制风险。

适用于关联企业之间的客户，如中小钢铁企业和关联的钢铁采购公司之间，银行对中小钢铁企业提供国内信用证额度，关联的钢铁采购公司收到国内信用证后，办理国内信用证质押签发电子银行承兑汇票用于采购焦炭、废铁等资料。

对中小钢铁企业如果直接提供电子银行承兑汇票，用于给关联的钢铁采购公司的付款，有时很难控制交易背景。

【业务流程图】

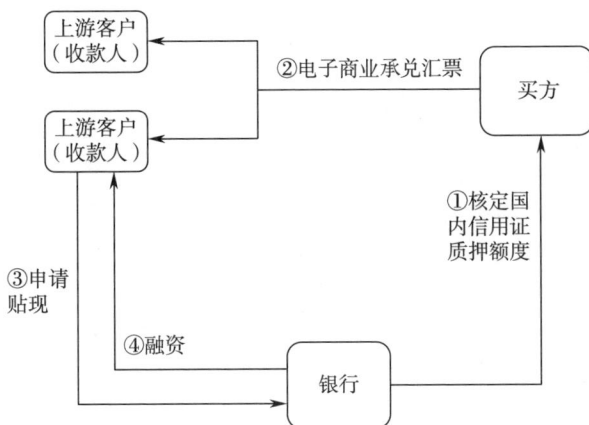

图22　国内信用证项下电子银行承兑汇票（或电子商票保贴）业务流程

【营销建议】

1. 银行通过国内信用证项下电子银行承兑汇票（或电子商业承兑汇票保贴），可以将客户真实贸易项下的采购，使用票据支付。该产品相对于国内信用证项下买方押汇，可以大幅降低财务费用。

2. 银行应当主动参与到一些关联企业的授信方案设计当中，通过积极灵活合理地使用银行授信产品，既能降低银行的授信产品风险，又能帮助企业有效扩大采购。

【产品优势】

国内信用证（电子银行承兑汇票或电子商业承兑汇票保贴）与贷款的功能相同，但是银行使用国内信用证（电子银行承兑汇票或电子商业承兑汇票保贴）却可以起到控制资金用途，改善收入结构的特殊功效。

表14　国内信用证项下电子银行承兑汇票（或电子商业承兑汇票保贴）与贷款的比较

项目	国内信用证（电子银行承兑汇票或电子商业承兑汇票保贴）	贷款
费用	手续费：国内信用证通常为1.5‰；银行承兑汇票为0.5‰ 融资利息：在买方付息票据模式下，承担贴现利息	手续费：无 融资费用：流动资金贷款利息

项目	国内信用证（电子银行承兑汇票或电子商业承兑汇票保贴）	贷款
期限	根据整个贸易的周转周期确定	客户与银行商议确定，通常没有明确和商务贸易挂钩
风险控制	有条件的付款方式，是以真实的贸易背景为依托，以单证相符、单单一致的付款条件做保证，相对于其他贷款和表外产品而言，更有利于银行有效地控制授信风险，防止客户挪用资金	很难控制客户的资金使用行为，最多是要求客户在使用每笔贷款前，提交用款计划
比较结果	融资费用适度，收入结构明显改善，中间业务手续费及贸易融资收入	简单的流动资金贷款利息收入

【案例】

北京××钢铁有限公司国内信用证项下电子银行承兑汇票案例

一、企业基本概况

北京××钢铁有限公司注册资本为 8 亿元，年销售规模达 166 亿元，为本地中型规模的钢铁生产企业。公司每年需要大量购买生铁、废铁等物资，该公司亟须银行融资。

二、银行切入点分析

××银行了解到，北京××钢铁有限公司采购量极大，支付工具多为电子银行承兑汇票，银行可以提供 5000 万元的电子银行承兑汇票额度，为了提高收益，实现关联营销其上游客户，同时控制资金用途，银行考虑提供国内信用证。

三、银行合作情况

××银行提供如下服务：

1. 银行向北京××钢铁有限公司提供 5000 万元的电子银行承兑汇票＋国内信用证混合额度，用于北京××钢铁有限公司的采购支付。

2. 北京××钢铁有限公司与供应商签订生铁采购合同，在银行启用国内信用证额度 5000 万元，签发国内信用证。

3. 供应商收到国内信用证后，依据国内信用证条款发货，发货后，将发货单据提交开证行。

4. 银行收到发货单据后，通知北京××钢铁有限公司立即签发5000万元的电子银行承兑汇票，收款人为供应商。

【业务二十七】集团集中兑付票据

> 银行提供给集团客户的授信尤其是电子银行承兑汇票额度，授信主体是集团总公司，使用电子银行承兑汇票的主体是集团下属分公司、子公司。下属公司签发电子银行承兑汇票，由集团公司划拨各成员单位在集团结算中心的资金集中付息。

【产品定义】

集团集中兑付票据是指集团客户的下属子公司签发买方付息的电子银行承兑汇票（或银行保贴的电子商业承兑汇票），集团结算中心统一支付下属子公司贴现利息，电子银行承兑汇票到期，集团结算中心统一划拨资金解付电子银行承兑汇票的一种综合票据金融服务方案。

【适用客户】

集团付息票据业务适用于总分公司、总子公司管理模式的集团公司，总部在银行获得电子银行承兑汇票额度，授权给下属分公司、子公司适用。

总公司对下属的分公司、子公司实行资金的集权管理，集团资金高度集中到总公司资金管理中心。下属分公司、子公司独立经营，独立对外签订采购合同，独立对外支付货款。

为了与下属公司对外签订的采购合同及发票保持一致，下属分公司、子公司独立对外签发电子银行承兑汇票，如果是买方付息，由集团结算中心统一付息；在电子银行承兑汇票到期后，集团结算中心统一划拨资金兑付电子银行承兑汇票。

【业务流程图】

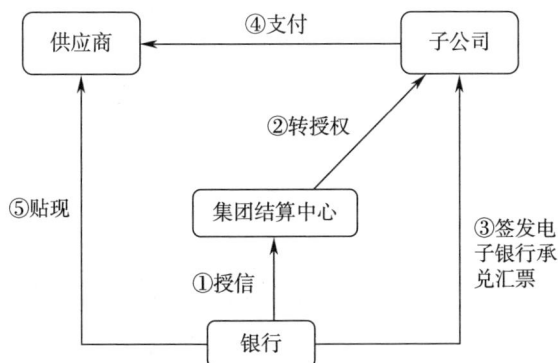

图23　集团集中兑付票据业务流程

【业务流程】

1. 银行为集团总公司核定电子银行承兑汇票额度，承诺集团公司可以将电子银行承兑汇票额度授权给下属分公司、子公司使用。

2. 银行与集团总公司签订综合授信协议，协议中明确，使用总公司电子银行承兑汇票额度的分公司、子公司名单。银行与集团总公司签订集团付息票据业务协议，声明下属分公司、子公司使用电子银行承兑汇票，由总公司集团结算中心统一付息。

3. 银行与集团下属的分公司、子公司分别签订银行承兑协议、买方付息票据贴现协议，办理电子银行承兑汇票。

4. 银行统一从集团总公司在银行的账户内扣收所有分公司、子公司应付的贴现利息，向集团结算中心出具扣息凭证。

5. 电子银行承兑汇票分别到期，银行分别从集团总公司集团结算中心扣划兑付电子银行承兑汇票。

【营销建议】

银行应当注意根据本地集团客户的具体经营情况，设计个性化的集团票据服务方案。集团客户的通常情况：集团总公司实力较强，很容易获得银行授信额度，但是集团总公司多是管理机构，对资金使用量不大；集团下属分公司、子公司实力弱些，由于是具体经营单位，资金使用量极大，但是资金往往被集中到集团公司结算中心账户。

因此，银行提供给集团客户的授信尤其是电子银行承兑汇票额度，授信主体是集团总公司，使用电子银行承兑汇票的主体是集团下属分公司、子公司。下属公司签发电子银行承兑汇票，由集团公司划拨各成员单位在集团结算中心的资金集中付息。

【案例】

××电器（中国）有限公司集团付息票据业务案例

一、企业基本概况

××电器（中国）有限公司注册资本为 2 亿元，年销售规模达 226 亿元，为世界著名家电制造企业××集团在我国的独资企业。××电器（中国）有限公司在国内设立××电器冰箱有限公司、××电器影像有限公司、××小家电有限公司等超过 20 家企业。××电器（中国）有限公司在国内有 10 家子公司，包括××电器（中国）有限公司北京分公司、××电器（中国）有限公司上海分公司、××电器（中国）有限公司沈阳分公司等。××电器（中国）有限公司执行资金集中管理，所有分公司资金高度集中到总公司。所有分公司根据本地的市场销售情况，自行进行采购销售。

二、银行切入点分析

××银行了解到，××电器（中国）有限公司 10 家分公司采购量极大，平均每家采购额均达 20 亿元。以往都是××电器（中国）有限公司首先在外资银行获得人民币贷款，然后采购。××银行设计：充分利用电子银行承兑汇票进行对外采购，最大限度地降低财务费用。同时，票据融资方案必须紧紧与××电器（中国）有限公司资金管理现状衔接。××银行提供外资银行备用信用证担保电子银行承兑汇票额度，电子银行承兑汇票额度由××电器（中国）有限公司授权给下属的 10 家分公司使用，10 家分公司独立签发电子银行承兑汇票，由××电器（中国）有限公司集中付息及划拨资金兑付票据。

三、银行合作情况

××银行提供如下服务：

1. 银行向××电器（中国）有限公司提供 10 亿元电子银行承兑汇票额度，承诺可以授权给下属分公司、子公司使用。

2. ××电器（中国）有限公司 10 家分公司与供应商签订家电采购合同，在银行启用电子银行承兑汇票额度 10 亿元，每个分公司使用电子银行承兑汇票 1 亿元，期限为 6 个月。

3. ××电器（中国）有限公司 10 家分公司需要支付贴现利息为 2000 万元，银行从××电器（中国）有限公司结算中心扣划 2000 万元的应付贴现利息。

4. 电子银行承兑汇票到期，银行从××电器（中国）有限公司扣划 10 亿元资金兑付电子银行承兑汇票。

大型集团客户是银行最应该高度重视的客户群体。

集团客户一般都在执行资金高度集权管理，而电子银行承兑汇票又对贸易背景有着严格的规定，必须出票人与合同买家绝对对应。

我们可以灵活处理，由各成员单位依据独立对外签订的合同签发电子银行承兑汇票，由集团结算中心统一对外进行票据兑付。

【业务二十八】放弃付款请求权
电子银票保理

> 相对于传统保理融资，支付对价的方式改变为电子银行承兑汇票，可以有效降低客户的融资成本，更符合客户的利益取向。

【产品定义】

放弃付款请求权电子银票保理是指在公开无追索权保理融资项下，银行向客户支付放弃付款请求权的电子银行承兑汇票作为对价，买入客户持有的应收账款，以收回的应收账款兑付电子银行承兑汇票的一种票据业务形式。

【适用客户】

适用客户为卖家实力较强，为银行的黄金客户，买家同样实力较强，应收账款质量较好，银行通过提供放弃付款请求权电子银行承兑汇票支付应收账款的对价。

客户类型如大型电信设备供应商及电信运营商之间、大型电力公司与电网公司之间、医药设备供应商与大型三甲医院之间。

【业务流程】

1. 卖方向买方交付商品，执行完商务合同后，产生合格的应收账款，卖方向银行提出保理融资申请。

2. 卖方向银行提供卖方及买方的授信资料，银行按照授信标准审查卖方和买方，尤其是重点审查买方的资信，为买方核定买方保理融资额度。

3. 卖方向银行转让应收账款，银行向买方发出《应收账款转让通知》，获得应收账款转让通知（回执）。

4. 卖方由于需要采购原材料，需要支付货款，银行为其办理电子银行承兑汇票，并声明，卖方无须承担该电子银行承兑汇票的付款责任。

【产品优势】

1. 可以大幅降低客户应收账款，有效地改善客户的财务报表，符合客户的利益需要。

2. 相对于传统保理融资，支付对价的方式改变为电子银行承兑汇票，可以有效降低客户的融资成本。

【营销建议】

该类产品是针对其他银行的传统保理融资的比较优势工具，有较好的替代性，由于保理融资银行采取银行承兑汇票方式支付对价，而非融资贷款，有效降低客户的融资成本，在营销时应重点推出这点优势。

【案例】

北京××电信设备有限公司放弃付款请求权电子银行承兑汇票保理案例

一、企业基本概况

北京××电信设备有限公司为本地的大型电信设备企业，公司主要销售电信设备，公司注册资本为5亿元，年销售额超过98亿元。公司销售对象是国内的大型电信运营商，销售多是分期应收账款。

公司同时每月需要大量对外采购，需要使用电子银行承兑汇票。北京贝尔电信设备有限公司实力非常强，是多家银行的黄金客户。

二、银行切入点分析

北京××电信设备有限公司实力非常强劲，属于本地强势企业。常规的银行工具很难营销对方。银行经过分析，认为北京××电信设备有限公司应收账款量较大，单纯提供保理融资，由于融资的利率执行贷款利率，北京××电信设备有限公司认为财务费用太高，不愿意接受。可以提供放弃付款请求权的电子银行承兑汇票作为支付对价。

三、银企合作情况

1. 北京××电信设备有限公司与××电信运营商签订电信设备供应合同，合同总价款为1亿元，应收账款账期为4个月。

2. 银行与北京××电信设备有限公司商议，买入本次应收北京××电信设备有限公司 1 亿元应收账款。

3. 银行与北京××电信设备有限公司签订电子银行承兑汇票协议，应收账款买断协议，约定银行提供 1 亿元的电子银行承兑汇票额度。

4. 北京××电信设备有限公司提供新的物资采购合同，金额为 1 亿元，银行为其办理电子银行承兑汇票，承诺本笔电子银行承兑汇票解付责任放弃。

5. 4 个月后，北京××电信设备有限公司的应收账款收回，银行将货款封闭进入保证金账户，等待电子银行承兑汇票解付。

> 电子银行承兑汇票保理业务非常有市场，通过保理业务，形成票据期限与实际还款日的资金错配，会给银行带来可观的存款。

【业务二十九】短电子银票换长贷

> 将电子银行承兑汇票直接贴现，仅有贴现利息收入；而将电子银行承兑汇票质押办理贷款，无疑可以带来可观的存款。

【产品定义】

短电子银票换长贷是指客户以收到的短电子银行承兑汇票作为质押，银行对客户提供长期贷款的一种综合授信融资服务。该产品的商业逻辑在于在贴现利率高企的时候，银行牺牲一部分贴现利息收入，将收入结构转化为银行存款。

【适用客户】

1. 适用客户为在银行有一定贷款的客户，这类客户同时票源丰富，银行因为提供贷款，所以对客户有一定的议价能力，银行要求客户在本行办理电子银行承兑汇票质押贷款。

2. 尤其是对缺少合同及增值税发票的持票人非常适用，通过办理电子银行承兑汇票质押贷款。

【业务流程图】

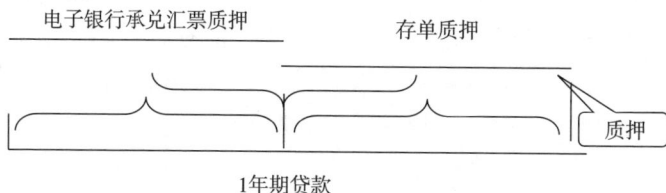

图 24　短电子银票换长贷业务流程

【业务流程】

1. 客户向银行提出短电子银行承兑汇票质押贷款申请，并向银行承诺提供完全可以覆盖固定资产贷款本息的电子银行承兑汇票作为质押。

2. 客户提供电子银行承兑汇票，银行办理票据手续，符合贴现规定后，银行与客户签订最高额电子银行承兑汇票质押合同。

3. 银行与客户签订贷款合同，银行发放一年期流动资金贷款，约定到期一次性还本付息。

4. 在质押的电子银行承兑汇票到期后，银行将托收回来的资金形成定期存单，办理质押。

5. 贷款到期，银行将存单资金取出归还贷款。

【法律依据】

《中华人民共和国民法典》（节选）

第四百四十条 债务人或者第三人有权处分的下列权利可以出质：

（一）汇票、支票、本票；

（二）债券、存款单；

（三）仓单、提单；

（四）可以转让的基金份额、股权；

（五）可以转让的注册商标专用权、专利权、著作权等知识产权中的财产权；

（六）现有的以及将有的应收账款；

（七）法律、行政法规规定可以出质的其他财产权利。

第四百四十一条 以汇票、支票、本票、债券、存款单、仓单、提单出质的，质权自权利凭证交付质权人时设立；没有权利凭证的，质权自办理出质登记时设立。法律另有规定的，依照其规定。

第四百四十二条 汇票、本票、支票、债券、存款单、仓单、提单的兑现日期或者提货日期先于主债权到期的，质权人可以兑现或者提货，并与出质人协议将兑现的价款或者提取的货物提前清偿债务或者提存。

【产品比较】

表15　产品比较

电子银行承兑汇票贴现	电子银行承兑汇票质押贷款（6月放9月贷款）
银行有贴现利息收入	银行有贷款利息收入和存款
贴现协议	贷款协议＋质押合同
转让背书	质押背书

【产品优势】

一、银行优势

1. 银行通过对质押电子银行承兑汇票与贷款期限的错配，银行可以获得可观的存款回报。

2. 将来年1月到期的电子银行承兑汇票均采取质押贷款方式变现，而非贴现方式，银行可以获得可观的存款。

二、客户优势

1. 客户及时获得银行的融资支持，用于企业的经营周转。

2. 电子银行承兑汇票质押贷款，无须提供增值税发票，便利部分交易活动中，缺少发票而不能贴现的票据。

【风险控制】

客户必须提供如下承诺：首先必须以电子银行承兑汇票托收回来的资金存为定期存单，然后以存单质押。待贷款到期，以存单归还贷款融资。

【案例】

河北××煤炭有限公司短银票换长贷案例

一、企业基本概况

河北××煤炭有限公司为本地的中型煤矿企业，公司主要销售电力煤，公司注册资本为5000万元，年销售额超过18亿元。公司销售回款大部分都是电子银行承兑汇票。最近，公司获得一个新煤矿采矿权，公司准备购置大型煤炭开采设备，预计筹资超过1亿元。河北××煤炭有限公司正在积极准备申请在中小企业板上市，因此对财务报表要求较为规范。

河北××煤炭有限公司每月收到电子银行承兑汇票平均金额为 1.5 亿元，通常在 11 月到下一年 2 月票据量较大，但是公司由于采购量较大，同样资金紧张。

二、银行切入点分析

河北××煤炭有限公司票据量极大，但是公司由于属于中小煤矿企业，从银行很难获得固定资产贷款。该公司准备购置大型煤炭开采设备，银行应当提供长期固定资产贷款，但是，河北××煤炭有限公司没有合格的抵押物，银行经过分析，认为可以采取以该公司收到的电子银行承兑汇票作为质押，滚动提供质押；为了保证经营连续，该公司提供质押的电子银行承兑汇票还需要提取保证日常支付，该公司的主要日常支出为支付水费、电费、人员工资、采购小型设备等。

三、银企合作情况

银行与河北××煤炭有限公司商议，河北××煤炭有限公司提供 1.1 亿元的电子银行承兑汇票作为质押，银行提供 1 亿元、1 年期贷款。银行与河北××煤炭有限公司商议好办理替换质押，质押的电子银行承兑汇票到期托收回来现金后，在银行办理定期存单质押，银行为客户办理 1 年期流动资金贷款。

电子银行承兑汇票除了贴现，还可以办理质押贷款，通过办理电子银行承兑汇票质押贷款，短电子银行承兑汇票质押办理长期限流动资金贷款，银行可以获得可观的存款沉淀，同时，通过办理电子银行承兑汇票质押贷款，规避了贸易背景要求。

【业务三十】 电子银票换保押电子商票

> 首先将企业收到的电子银行承兑汇票换成企业自己签发的电子商业承兑汇票，然后对电子商业承兑汇票再次提供换开电子银行承兑汇票。

【产品定义】

电子银票换保押电子商票业务是指客户以手持的电子银行承兑汇票作为质押，客户签发电子商业承兑汇票，银行为客户签发的电子商业承兑汇票提供保押服务的一种特定融资模式。

【业务流程图】

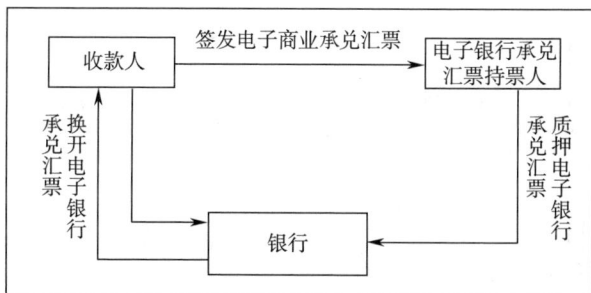

图25 电子银票换保押电子商票业务流程

【业务流程】

1. 持票人质押电子银行承兑汇票。
2. 企业签发商业承兑汇票，对收款人明确银行可以提供保押服务。
3. 收款人持商业承兑汇票，银行再次为收款人办理换开电子银行承兑汇票。

【业务分析】

对于强势企业，从下游收到大量电子银行承兑汇票，而这些大型集团对上游供应商同样处于强势地位，完全没有必要将收到的电子银行承兑汇票背书转让给上游供应商，而可以采取将电子银行承兑汇票质押给银行换开电子商业承兑汇票支付给上游客户。该产品核心逻辑是大型企业利用自己的商业地位优势，占用电子银票与电子商票的信用价值差额。

【产品优势】

一、银行优势

1. 通过电子银票与电子商票期限的错配，可以获得可观的存款。

2. 签发电子商业承兑汇票，银行获得供应链融资的机会，极大地提升银行收益。

二、客户优势

1. 依托电子银行承兑汇票，银行为买方签发保押商业承兑汇票，可以获得一定理财收入。

2. 通过签发电子商业承兑汇票，可以在一定程度上推广自身的商业信用。

【所需资料】

1. 所有的常规授信资料。

2. 交易合同资料、货物物权凭证等。

【风险控制】

一、错配风险

质押的电子银行承兑汇票必须期限较短，而新签发的电子商业承兑汇票必须期限较长，形成押短换长。

二、电子银行承兑汇票选择

应重点选择大型银行电子银行承兑汇票，防止电子银行承兑汇票出现兑付信用风险。

【营销建议】

1. 营销这类业务需要更多的是耐心，需要有意识引导企业配合银行的操作策略。

2. 从为客户创造价值角度引导客户使用。

【案例】

甘肃××工程有限公司电子银票换保押电子商票案例

一、企业基本概况

甘肃××工程有限公司注册资本为 2000 万元，是国内最大的施工企业，年销售额超过 60 亿元，净利润为 7.9 亿元。公司财务状况、资信状况良好，负债合理，主要产品是各种线材及各类特殊用途钢，年生产线材能力 320 万吨。

二、银行切入点分析

甘肃××工程有限公司销售过程中大量收到电子银行承兑汇票，而对上游供应商——钢贸企业、水泥供应商处于绝对强势地位。

三、银企合作情况

业务流程：

1. 甘肃××工程有限公司向银行提交电子银行承兑汇票。

2. 银行以收到的电子银行承兑汇票办理质押。

3. 甘肃××工程有限公司对供应商甘肃××有限公司、包头××金属材料有限公司签发电子商业承兑汇票。

4. 银行为甘肃××工程有限公司的供应商——甘肃××有限公司、包头××金属材料有限公司电子商业承兑汇票换开电子银行承兑汇票。

【点评】

对银行而言，以电子银行承兑汇票作为质押，为企业签发的电子商业承兑汇票提供保押服务，风险极低。

【业务三十一】电子银票与电子商票收益权互换

> 票据本身带有收益权，银行可以撮合各类持票人的特殊需要，赚取可观的中间业务收入，未来，票据服务类中间业务收入会远远超过传统贴现利息收入。

【产品定义】

电子银票与电子商票收益权互换是指银票与商票的持票人分别将银票与商票托管在银行的情况下，银行撮合双方互换收益权的一种特定服务模式。

【业务流程】

1. 银行与电子银票和电子商票持票人签订电子银票与电子商票收益互换协议。

2. 银行到期托收电子银票及电子商票，兑付各自收益。

【产品优势】

一、银行优势

银行撮合电子银票及电子商票双方争取各自客户资源，银行能获取一定的中间业务收入。

二、客户优势

1. 有效提升电子银行承兑汇票持票人的综合收益。

2. 有效回避电子商业承兑汇票风险。

3. 满足了大型外资企业低风险的偏好。

4. 避免了将电子商业承兑汇票贴现的高额成本。

5. 符合商务交易活动中收款需要。

【营销建议】

1. 电子商业承兑汇票的持票人，多是大型外资企业，如大型外资电信设备公司等。

2. 电子银行承兑汇票持票人，多是中小企业等。

【案例】

湖南××钢铁股份有限公司与
上海××有限公司电子银票与电子商票互换案例

一、企业基本概况

湖南××钢铁股份有限公司注册资本为 36 亿元，公司年度主营业务收入实现 312 亿元，净利润为 17.9 亿元，全年主要产品有铁 475.6 万吨、钢 535.7 万吨、材 481.6 万吨。公司财务状况、资信状况良好，负债合理，主要产品是各种线材及各类特殊用途钢，年生产线材能力 520 万吨，是国内规模较大的线材生产基地。公司销售活动中大量收到电子银行承兑汇票。

上海××有限公司为美资投资企业，公司属于极度风险厌恶型企业，销售中收到大量商业承兑汇票，都是大型开发商支付商业承兑汇票，公司态度犹豫。

二、银行切入点分析

考虑湖南××钢铁股份有限公司与上海××有限公司利益取向差异极大，银行撮合双方业务。

湖南××钢铁股份有限公司收到电子银行承兑汇票与上海××有限公司收到商业承兑汇票进行互换，但是都不进行直接贴现。

三、银企合作情况

1. 银行将湖南××钢铁股份有限公司收到 980 万元的电子银行承兑汇票。

2. 银行将上海××有限公司收到 1000 万元的商业承兑汇票，进行互换。

3. 在电子银行承兑汇票和电子商业承兑汇票到期，银行分别办理托收，将收益汇至各自指定账户。

市场各类票据主体风险偏好不一，银行可以居间撮合，满足各主体的需要。喜欢要高收益的，给你电子商票的高收益；偏爱电子银票低风险稳定收益的，给你电子银票的收益，银行负责互换。

无法将电子银票与电子商票直接背书互换，我国票据法律明确规定，票据背书转让必须基于贸易背景及债权债务关系，实体票据转移极为麻烦，必须是收益权的转换。

【业务三十二】 贷款 + 全额保证金电子银票

发放贷款后，直接转为全额保证金电子银行承兑汇票，无疑是违规的。但是如果对借款人发放贷款后，借款人受托支付给收款人，收款人办理全额保证金电子银行承兑汇票就合规。

【产品定义】

贷款 + 全额保证金电子银票是指银行对核心企业发放贷款，并要求核心企业采取受托支付方式划付至供应商账户，银行为供应商办理全额保证金电子银行承兑汇票的一种交易双边融资业务。

该产品的逻辑在于让三方得利，这样商业模式才可持续。核心企业的利益点是只要银行适度让利，核心企业就愿意说服供应商。供应商账期比较长，只要账期稍微缩短一点，供应商就愿意配合。银行办理全额保证金电子银行承兑汇票时会说服核心企业和供应商，银行也愿意让利，毕竟一次性获得两个客户，同时有一定的全额保证金，三方都得利。

【适用客户】

供应商处于弱势，核心企业非常强势，核心企业与供应商协议，将获得的贷款资源全部划入供应商，供应商在银行办理全额保证金电子银行承兑汇票。

【业务流程图】

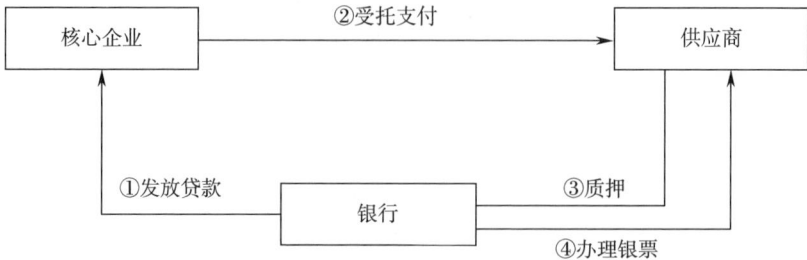

图 26 贷款＋全额保证金电子银票业务流程

【业务模式】

1. 施工企业＋房地产开发商。

2. 钢贸企业＋施工企业。

典型特征：弱势供应商＋弱势借款人。

【业务分析】

对同一客户发放贷款，然后直接转为办理全额保证金电子银行承兑汇票，这属于违规业务。在该产品中，对 A 企业发放贷款，A 企业自主受托支付给 B 企业，B 企业在银行办理全额保证金电子银行承兑汇票，且 A 企业与 B 企业必须有与贷款金额一致的应付账款存在。

【产品优势】

可以给银行带来非常可观的存款资源。

【风险控制】

对同一借款人采取先发放贷款，然后立即冻结办理全额保证金电子银行承兑汇票方式，严格受到控制，监管不允许。

【营销建议】

银行对核心企业（借款人），银行可以要求借款人说服其供应商配合银行操作，银行对借款人发放贷款后，全额划至收款人在本行的账户。供应商主动申请银行开立全额保证金电子银行承兑汇票。

【案例】

河北省××建筑工程有限公司产业链全额保证金电子银行承兑汇票案例

一、企业基本概况

河北省××建筑工程有限公司，系国有大型施工企业，注册资本为4.09亿元，具有房屋建筑工程施工总承包一级、冶炼工程施工总承包一级、市政公用工程施工总承包一级、机电安装工程施工总承包一级、地基与基础工程专业承包一级、钢结构工程专业承包一级、消防设施工程专业承包一级、建筑装修装饰工程专业承包一级、预拌商品混凝土专业二级施工资质，具有独立承建大中型工业、民用与公用工程建设项目的总承包能力。

二、银行授信方案

银行为河北省××建筑工程有限公司核定2000万元授信额度，资金采取受托支付方式支付给河北××商贸有限公司，河北××商贸有限公司在银行办理全额保证金电子银行承兑汇票。

【业务三十三】 开发商签发电子商票

【产品定义】

开发商签发电子商票是指大型开发商通过签发电子商业承兑汇票方式，支付工程款，银行对大型开发商签发的电子商业承兑汇票提供保贴或保押服务的一种票据业务操作模式。

【适用客户】

适用客户为房地产开发商（商票出票）、施工企业（商票收款人）、钢贸企业（商票持票人）。

【业务流程】

1. 银行对大型开发商核定授信额度。
2. 大型开发商签发电子商业承兑汇票。
3. 施工企业持电子商业承兑汇票向银行申请办理贴现或交存保证金，换开电子银行承兑汇票。

【业务模式】

电子商业承兑汇票 + 保证金 = 电子银行承兑汇票。

【风险控制】

银行提前对开发商核定授信额度，由施工企业在授信额度内，向银行申请办理电子商业承兑汇票贴现，或电子商业承兑汇票质押换开电子银行承兑汇票。

使用电子商业承兑汇票的开发商要牢牢限定在大型知名中央企业和大型国有企业，对民营开发商一定要严格限制，不要推广电子商业承兑汇票。由于电子商业承兑汇票融资期限极短，且电子商业承兑汇票的总量不容易控制，一旦民营企业大量使用电子商业承兑汇票，会极易失控。

【案例】

开发商签发电子商票案例

一、企业基本概况

××地产有限公司，是中国内地最具实力的地产发展商之一，主营业务包括房地产开发、商业地产开发及运营、物业服务等。公司在职员工为3万多人，总资产为4270亿港元，土地储备面积达4485万平方米，进驻全国57个城市，开发项目超过150个。

二、银企合作情况

银行为××地产有限公司核定20000万元的授信额度，由××地产有限公司对外签发电子商业承兑汇票付款。银行对上游施工企业提供了保贴服务。

银行为控制对中小开发商的电子商业承兑汇票融资风险，可以考虑要求中小开发商在银行开立预售资金监管专户，电子商业承兑汇票票面记载开户银行为预售资金监管专户。

将来，电子商业承兑汇票到期兑付，直接扣划预售监管账户内资金用于兑付电子商业承兑汇票。

【业务三十四】 大型施工企业签发电子商票

【产品定义】

大型施工企业签发电子商票是指大型开发商通过签发电子商业承兑汇票方式，支付工程款，银行对大型开发商签发的电子商业承兑汇票提供保贴或保押服务的一种票据业务操作模式。

【适用客户】

适用客户为国内顶尖施工企业，如中国中铁旗下各局、中国铁建旗下各局、中建旗下各局、中国能源建设旗下各局、中国核电建设旗下各局等。

【业务流程】

1. 银行对大型市工商核定授信额度。
2. 大型施工商签发电子商业承兑汇票。
3. 钢贸企业持电子商业承兑汇票向银行申请办理贴现或交存保证金，换开电子银行承兑汇票。

【营销建议】

施工行业属于基础设施行业，投资金额大，涉及供应商数量多，投资周期长。整个交易非常适合使用电子商业承兑汇票支付，银行可以对大型施工企业积极营销电子商业承兑汇票付款方式。

【案例】

大型施工企业签发电子商票案例

一、企业基本概况

中铁某局集团有限公司是世界500强企业的全资子公司。中铁某局具有铁路、公路、市政公用工程施工总承包特级资质，房屋建筑工程施工总承包一级资质，铁路铺轨架梁、桥梁、隧道、公路路面工程专业承包一级资质和城市轨道交通工程专业资质等。资产总额达441.56亿元，净资产为60.62亿元。参建干线、支线铁路120多条，完成铺轨2.9万余公里，约占中国铁路铺轨总量的1/7；累计修建公路7000余公里，完成房屋建筑1700余万平方米、市政工程200余项。

二、银企合作情况

该公司对上游采购付款主要在钢铁、水泥物资。银行对其核定1000万元电子商业承兑汇票额度，尤其对上游物资供应商付款使用支付。

【业务三十五】电子商票替代并购贷款

【产品定义】

电子商票替代并购贷款是指企业通过签发电子商业承兑汇票方式，支付并购合同价款，银行对被并购方提供电子商业承兑汇票保贴服务的一种票据业务模式。

【适用客户】

适用客户为存在资本并购需求的大型企业客户，大型企业客户必须自身实力极强，具备卓著的信誉。

【业务流程】

1. 银行为大型企业核定电子商业承兑汇票专项授信额度。
2. 大型企业客户签发电子商业承兑汇票支付并购价款。
3. 被并购方持电子商业承兑汇票，向银行申请办理贴现。

大型中央企业在资本市场进行大额并购时，电子商业承兑汇票是并购支付的重要工具，基本上可以实现无成本的并购，待资产过户完毕以后，便可以兑付电子商业承兑汇票的方式完成底层价款的最后支付。

【案例】

××钢铁电子商票替代并购贷款案例

××钢铁将其所持有的××公司向其开具的251000万元电子商业承兑汇票与××公司下属的标的资产等值部分进行置换。××钢铁拟购买标的资产为××公司下属的炼铁系统、能源系统和厂内物流的整体资产、经营性负债与业务，以及制造管理部和采购中心的资产、经营性负债与业务。

资产置换后，拟置出的应收票据资产作价不足的差额部分，由××钢铁向××公司支付现金补足。

【文本】

电子银行承兑汇票贴现协议

贴现申请人：

贴现行：银行_____

第一章　总　则

　　贴现申请人因业务经营需要，特向贴现行申请电子银行承兑汇票贴现。贴现行经审查，同意根据本协议的条款和条件对贴现申请人提交的电子银行承兑汇票予以贴现。为明确贴现申请人和贴现行双方当事人的权利、义务，根据我国有关法律、法规之规定，经贴现申请人和贴现行在平等、自愿的基础上协商一致，特订立本协议。

第二章　电子银行承兑汇票内容

第一条　本协议项下贴现的电子银行承兑汇票内容如下：

汇票号码：_____

汇票金额：_____

出票人——全　称：_____

　　　　　开户行：_____

　　　　　账　号：_____

收款人——全　称：_____

　　　　　开户行：_____

　　　　　账　号：_____

承兑行——全　称：_____

　　　　　开户行：_____

　　　　　账　号：_____

出票日：_____

到期日：_____

基础商品交易/劳务合同编号：_____

第三章　贴现期限、贴现金额及划付

第二条　本协议项下的贴现期限：从贴现之日起至电子银行承兑汇票到期之日止，即自＿＿＿年＿＿＿月＿＿＿日起至＿＿＿年＿＿＿月＿＿＿日止，共＿＿＿日。

第三条　贴现率为＿＿＿＿＿＿＿＿。

在本协议有效期内，如遇国家调整基准利率，本协议项下的贴现率不作调整。

第四条　贴现利息：按贴现日至电子银行承兑汇票到期日的前一日计算，合计（大写）人民币＿＿＿＿＿＿＿＿＿。

第五条　实付贴现金额：按电子银行承兑汇票的票面金额扣除依本协议第四条规定的贴现利息计算，合计（大写）人民币＿＿＿＿＿＿＿＿＿。

第六条　贴现行应于＿＿＿年＿＿＿月＿＿＿日一次性将本协议项下的实付贴现金额全部划入贴现申请人指定账户。

第七条　如电子银行承兑汇票项下的承兑行在异地，贴现期限、贴现利息的计算均另加三天的划款日期。

第八条　电子银行承兑汇票一经贴现且实付贴现金额已按上述规定支付给贴现申请人，贴现行即取得汇票项下或与电子银行承兑汇票有关的一切权利和利益。

第四章　贴现和背书

第九条　贴现申请人申请贴现时，应向贴现行提交经其背书的未到期限的电子银行承兑汇票、贴现申请人与出票人或其直接前手之间与该电子银行承兑汇票有关的增值税专用发票、商品交易或劳务合同、商品发运单据等文件。

第十条　贴现时，贴现申请人应真实、有效、完整地完成电子银行承兑汇票的转让背书行为，贴现申请人背书时不得附加任何条件。

第五章　贴现申请人的陈述与保证

第十一条　贴现申请人在此向贴现行作出如下陈述和保证：

1. 贴现申请人已仔细阅读并完全理解接受本协议的内容，贴现申请人签署和履行本协议是自愿的，其在本协议项下的全部意思表示真实。

2. 贴现申请人应确保所申请贴现的电子银行承兑汇票背书的连续性、其前手背书的真实性以及承兑行承兑的真实、完整、无条件。

3. 贴现申请人为签署和进行本协议项下的交易向贴现行提交的增值税专用发票、商品交易或劳务合同、商品发运单据以及其他材料等均是真实、完整、准确和有效的。

4. 本协议项下的电子银行承兑汇票是真实、合法的，且有真实、合法的商品交易或劳务作基础。

第十二条　贴现申请人的上述陈述和保证在本协议有效期内须始终保持正确无误，并且贴现申请人将随时按照贴现行的要求提供进一步的有关文件。

第六章　贴现行的追索

第十三条　电子银行承兑汇票贴现后，在电子银行承兑汇票到期日前，如遇电子银行承兑汇票项下的承兑行宣告破产或被责令终止业务活动或在电子银行承兑汇票到期时遭拒绝付款（包括全部或部分），贴现行对贴现申请人行使票据追索权时，有权要求贴现申请人支付下列金额及费用：

1. 被拒绝付款的汇票票面金额；

2. 电子银行承兑汇票票面金额自到期日起至贴现申请人向贴现行实际清偿日止，按每天万分之_____（大写）计收利息，对贴现申请人未能按时支付的该等利息，贴现行有权计收复利；

3. 贴现行行使追索权时所支付的费用；

4. 赔偿其他经济损失。

第十四条　贴现行向贴现申请人追索票款时，可从贴现申请人在贴现行及贴现行系统内开立的账户中直接扣收。

第十五条　本协议有效期间，贴现行有权检查贴现申请人的经营活动情况，贴现申请人应予配合并定期向贴现行报送真实的会计报表及生产经营计划。

第七章　其他

第十六条　合同双方应当对为签署和履行本协议的目的而了解到的对方有关其债务、财务、生产、经营资料及情况保密，但贴现行对依法贴现申请人有关情况的除外。

第十七条　如果在任何时候，本协议的任何条款在任何方面是或变得不合法、无效或不可执行，本协议其他条款的合法性、有效性或可执行性不受任何影响或减损。

第十八条　本协议的小标题仅为方便阅读而加入，不得被用于合同的解释或其他目的。

第十九条　本协议双方互相发出与本协议有关的通知、要求，应以书面形式作出，发送至本协议首页列出的有关方的地址或传真。任何一方如变更其地址或传真，需及时通知对方。

第八章　适用法律和争议解决

第二十条　贴现申请人和贴现行在履行本协议中如发生纠纷，首先应由双方协商解决；协商不成的，任何一方可向贴现行所在地人民法院起诉。

第九章　协议的生效、变更和解除

第二十一条　本协议经贴现行和贴现申请人双方的法定代表人或其委托代理人签章并加盖公章后生效。

第二十二条　本协议生效后，任何一方不得擅自变更或提前解除本协议，如需要变更或解除本协议时，应经双方协商一致，并达成书面协议，书面协议达成之前，本协议条款依然有效。

第十章　附件、附则

第二十三条　用以计算贴现利息及实付贴现金额的贴现凭证为本协议的附件。

第二十四条　本协议如有未尽事宜，双方可另行达成书面协议。

第二十五条　本协议一式＿＿份，贴现申请人＿＿份、贴现行＿＿

份，具有同等法律效力。

第二十六条　本协议于____年____月____日在_____签订。

对于准备成为客户经理的人员，学习本书的授信产品，积极应用于实践，一定会成功。既然选择了客户经理生涯，就一定要功成名就。

立金名言

1. 客户经理应当记住：一个项目能否成功必须满足"开心""放心"两个原则。"开心"原则就是银行提供的授信服务方案必须使客户感觉得到了现实的利益，满足其需要，客户愿意使用银行产品；"放心"原则就是银行对借款人使用银行信贷资金用途很清楚，确信企业能到期还款，只有这样的项目才能成功！

2. 人生像攀登一座山，而找寻出路，却是一种学习的过程，我们应当在这过程中学习稳定、冷静，学习如何从慌乱中找到生机。生命的最大价值就在于奋斗的过程！

3. 要想成为优秀的商业银行客户经理，先要改造你的意识，改造你的人生态度，你必须从思想观念上就是一个伟大的客户经理。成功的客户经理都有必胜的决心，都有强烈的成功欲望。

4. 顶尖的客户经理都把客户当成朋友。关心客户的需求，随时随地地关心他们，提供给客户最好的服务和产品，保持长久的联系。

5. 客户经理销售的第一产品是自己，如何获得良好的第一印象至为关键。这时候，你的人格魅力、你的信心、你的微笑、你的热情都必须全部调动起来，利用最初的几秒钟尽可能地打动客户，这就需要客户经理具备非凡的亲和力。

6. 营销要从客户入手，从满足客户利益角度，营销银行的融资方案。客户只关心银行产品能给他带来哪些利益，这是天经地义的，银行切莫一味地推销产品，却没有换位思考。

7. 销售银行产品之前先销售人品，你个人人品先销售出去了，就等于打开了一条宽广的销售通道，其他各项银行产品自然可以源源不断地流向客户。个人先被退货了，销售的通道就被堵死了。

8. 银行应当是帮助企业做生意，完成商务交易，企业赚钱的同时，银行获得了希望的存款沉淀等。银行应当成为客户的"主要服务银行"，银行用尽可能多的产品"黏住"客户，相对降低银行的服务成本，做大客户的"钱包"，我们自己的"钱包"自然就做大了。

9. 做客户经理必须有极强的驾驭力量,在与客户建立合作之初,就应非常了解客户,占据有利位置,牢牢把握住合作的主动权,让客户按照你的意图行动。学会驾驭客户、控制客户,银行才能步步为营,不断进行深入交叉销售。控制客户,无论合作关系多久,无论是大客户还是小客户,如果失去控制,那么信贷客户可能出现不良,存款客户可能丢失。

10. 最关键的是启发客户的产品使用需求,引发客户的尝试欲望,激发客户的使用动力。

11. 拓展业务必须有足够的资源,就如同带兵打仗,得手中有枪、有子弹,士兵必须多抢子弹。对客户最有价值的资源就是信贷,客户经理应当拼命争取信贷资源,这直接决定你的业绩,贷款、电子银行承兑汇票、票据贴现、信用证等都要拼命争取,争夺的资源越多,你的业绩就越好,这是绝对成正比的。

12. 如果你想要把银行电子票据产品营销给某个客户,你就应该尽自己的力量去收集同类客户使用电子票据的信息,同行业的比较远远胜过你的单方说辞。如果你每天肯花一点儿时间来了解客户,做好准备,那么你就不愁没有客户。

13. 每个客户都有大量的自己的关系资源,如果能够有效发动现有的客户帮助介绍一些新客户,那么将会大大缩短客户经理营销的时间,极大提升营销的效率。

14. 在客户面前,永远都是一张真诚的脸,客户一看你就是办事稳重,没有什么花花肠子,是可以深交的人。能做就毫不犹豫地去做,不能做就痛痛快快地告诉客户。不能做,先将事情搁一边,慢慢维系人脉。留得青山在,总会有柴烧。

15. 客户经理应该真正成长为一个优秀的企业财务顾问。客户经理要按照商人角色锻炼自己。客户经理在销售银行产品时,要销售做人的态度、价值观,让客户愿意与本行做生意,愿意买本行的产品。

16. 在今天的中国,成就一番事业,与其说是个人努力的结果,不如说是成功的人脉关系的产物。各位客户经理要牢记:做事先于做人。

17. 这个世界,最成功的营销思路是帮助客户去赚钱,当你真正成为客户生意场上的得力帮手时,客户就离不开你,客户就把你当成智囊顾问,随时需要你出谋划策,提供最合理的融资方案。

18. 客户经理必须能够真正担当企业的"医生顾问","诊断"企业的基本情况，合理组合银行的产品，解决企业现在存在的问题，在满足客户需要的同时，自然实现银行获取存款等经营目标。切莫一味地单纯销售银行产品，而不真正关心企业的需要。

19. 客户经理应当是客户银行产品的采购员、金融政策与法规的咨询员、银行营销员、办理银行业务服务员、反映客户信息情报员、银行员工风范的示范员集"六员"于一身的高级营销人才。

20. 客户经理是双重代言人，对于客户而言，是银行代言人，为银行各种服务产品做营销，以达到银行利益目标；对于银行而言，又是客户代言人，阐述客户各种诉求，使其在优惠的条件下得到满足，代理客户去争取合理利益。